# みんなで世界を変える！小さな革命のすすめ

ライター／アクティビスト
佐久間裕美子

偕成社

# 佐久間裕美子

ライター／アクティビスト

## ライターをしています！

はじめまして。佐久間裕美子《さくまゆみこ》です。わたしの仕事はライター。日本語にすると「書く人」、その仕事をしている人を「文筆家《ぶんぴつか》」とよんだりもしますが、文字や言葉をつかって「書く」ことが仕事です。

どこかに出かけていったり、だれかの話を聞いたりする「取材」をして、雑誌《ざっし》やウェブサイトにのる「記事」や本になる文章のかたまりを書くこともありますし、単語をくみあわせて「コピー」や「キャッチフレーズ」を

## まえがき

書くのもライターの仕事です。

わたしにとってライターは、書きたいストーリーや、話を聞いてみたい人を見つけ、それを書いて、読んでくれる人と共有するという、宝《たから》さがしのような仕事です。

いまは、おもにアメリカのニューヨークというところでくらし、会社などには属《ぞく》さない「フリーランス」としてはたらいています。

### ライターという仕事

ライターは、雑誌やウェブのスペースをもらい、そこにのせる文章を書きます。読んでくれる人がいて、はじめてなりたつものですから、読んだ人にわかるように書かなければいけません。自分が理解《りかい》していなければ書けないので、何かを書くたびに、調べて、人に会うまえに予習をして、人から話を聞いて、もらった答えや自分の考えをまとめて、ということをしています。

「書く」ということは、わたしの仕事であり、労働にはちがいないのですが、知らないことを勉強したり、会いたい人の話を聞いたりしてお金をもらえるのですから、ラッキーな仕事にめぐりあったなと思います。もう何十年もやっているけれど、あきたと思ったことはありません。

子どものころはなんとなく、人間は学校を出たら、毎日淡々《たんたん》と仕事をして何十年も生きていくのだと思っていました。でも、いちどしかない人生の、けっこうたくさんの時間をはたらいてすごすのだから、好きだと思える仕事をしたい。そういう気持ちに気がついたのは、実際《じっさい》に会社員をやってみてからでした。

海外に住んでいると、いろんなタイプの仕事がまいこんできます。シンプルに文章を書く仕事のほかにも、「これちょっと手つだって」とたのまれて、雑誌《ざっし》やカタログの撮影《さつえい》の手配をしたり、アメリカの状況《じょうきょう》を見にやってくる日本の企業《きぎょう》の人

## まえがき

たちを案内したりすることもあります。日本の企業や団体《だんたい》からアメリカに進出したい、知恵《ちえ》をかしてほしいとか、商談をまとめてほしい、とたのまれることもありますし、連絡《れんらく》がとれなくなった親せきをさがしてほしい、といった探偵《たんてい》のようなお願いもありました。

会社員をしていたころは、毎日おなじ時間に会社に行き、毎日おなじような仕事をしていました。でもいまは、1日たりともおなじようにすぎる日はありません。「毎日ちがう」ということも、わたしが自分の仕事について気にいっていることのひとつです。

ありとあらゆるタイプの仕事をしてきましたが、やはり自分のまんなかには「書く」ということがあります。自分の名前がついて、雑誌にのったり本になるような文章を書くことが、いちばんの情熱《じょうねつ》です。読んでくれる人に語りかけることができるからです。

## アクティビストとして

職業《しょくぎょう》ではありませんが、自分のことを「アクティビスト」とよぶこともあります。「アクティビスト」という言葉を聞いたことがありますか？　日本語にすると、「活動家」「運動家」などでしょうか。急にひびきが重くなりますね。ひとことでいうと、みんながくらす社会を、よりよい場所にするための社会運動に参加する人たちのことです。つまり、アクティビストであるということは、社会をよくするための活動やアクションをしている人である、ということです。

さきほど、「書く」ということにいちばんの情熱《じょうねつ》をそそいできた、といいましたが、そのなかでも、自分がいちばん情熱を感じてきたのは、社会を変えるために努力しているアーティストやアクティビストたちの話を聞くことでした。

わたしがこれまで取材をしてきた人たちは、世のなかのみんなが知らない問題

## まえがき

をひろく知らせるために作品を作ったり、解決《かいけつ》できるかわからない問題にとりくんだりしていました。

たとえば、こういう人たちがみんなとちがうあつかいを受けて苦しんでいるよ、とか、自然や動物が大変な状況《じょうきょう》におかれているよ、といったことです。そのたびに、知らなかったこと、新しいことについての勉強をすることになります。そういう人たちの活動について書く、ということは、わたしの文章を読んでくれる人たちに、「こんな問題が起きているよ」とお知らせすることでもありました。

彼《かれ》らの強い意志《いし》、楽観的で希望にあふれたすがた、がんこな姿勢《しせい》とあきらめないぞという不屈《ふくつ》の精神《せいしん》、キラキラとかがやく目に、いつも勇気をもらってきました。そして、こうしたことに情熱を感じるうちに、わたしもいつしか「アクティビスト」として活動するようになっていました。

わたしのアクティビストとしての活動は「起きている問題について勉強し、理《り》解《かい》した内容をわたしの文章を読んでくれる人と共有し、それを解決《かいけつ》するために、ひとりひとりができるアクションを提示《ていじ》すること」です。

どういうことをしていたらアクティビストである、と決まっているわけではありません。社会問題について家族や友だちと話をしてみる、ということだってりっぱなアクションですし、社会のために何かよいことをしている会社の商品をえらぶことも、アクションのひとつです。だれだって、アクティビストになれるし、アクティビストを名のってよいのです。

こうした活動をはじめてみると、たくさんの分野で、すこしでも社会をよくしよう、社会の問題を解決しようと努力している人に出会うようになりました。それまでは「一匹狼《いっぴきおおかみ》」として、ひとりでの活動が多かったのが、いろいろな人とむすびついて連帯したり、運動のなかでかけがえのない友情をきずいたりするうちに、子どものころはどちらかといえば苦手だった「人間」が大好きになりました。

# まえがき

なにより、このひろく、ときにはつめたくきびしく見える世のなかが、仲間ができたことによって、あたたかい場所に感じられるようになりました。

わたしはおもに東京でそだち、23歳《さい》のときにアメリカにわたりました。これまでの25年間は、ニューヨークに家を持ってきました。もともとは、勉強をしようとアメリカに行き、ニューヨークの自由な空気にひかれてはたらくうちに、気がついたら25年がたっていたのです。

25年というと、とても長い時間に聞こえますが、マッハのごとくすぎてしまいました。最初の何年かは、外国人として知らない土地でくらすことだけでせいいっぱいでしたし、会社をやめてからは、フリーランスのワーカー（労働者）として身を立てること、できるだけ自分が情熱《じょうねつ》を感じられる仕事をすることに夢中《むちゅう》になっていたら、それだけの時間がたっていた、というのが実感です。

「こういう人生を送りたい」と決めて計画したわけではありません。学校を出て、仕事を見つけ、あちこちでいろいろなことを教えてもらったり、スキルを身につけたりしながら、「これならできる」「これはできない」と取捨選択《しゅしゃせんたく》しつつ、「もっと知りたい」という欲求《よっきゅう》をおいかけた結果、こういう人生になりました。子どものころ夢中《むちゅう》になったドラゴン・クエストやファイナル・ファンタジーのようなロールプレイング・ゲームみたいだなと思うこともあります。

たくさんのことにトライするなかで、もちろん、失敗も、ピンチもありました。急に景気が悪くなって仕事がへったり、大けがをしてできる仕事がへってしまったこともありました。けれど、いわゆる「失敗」や「ピンチ」にも、それぞれの教訓があって、そのたびにすこしずつ成長してきたような気がします。人生というものは、山あり谷ありが当然で、ときにはころんだり、ひっくりかえったりするものなのだと思っています。

わたしが、アメリカのニューヨークという場所で、そのコミュニティの一員と

# まえがき

して学んできた最大のことは、この社会は、わたしたちひとりひとりが作るものだということです。大きなシステムを変えようとするのは、とてもむずかしいことですが、大きな変革《へんかく》というものは、小さな変革のあつまりとして起きるということも知りました。わたしたちの身のまわりから小さな変化、小さな革命《かくめい》を起こしていくことが、大きな変革のはじまりです。

わたしのスタート地点は、この本を読んでくださるみなさんくらいの年齢《ねんれい》のときにありました。みなさんが、社会をよりやさしい場所にするためにできることがたくさんあるのだと知ってくださること、そして、そういうアクションに参加することが、みなさんに生きるよろこびをあたえてくれることを願ってやみません。

# 社会を変える運動って<br>どんなもの？

## デモ（マーチ）

プラカードや横断幕《おうだんまく》を持ちながらメッセージを発信する。大きな公園や広場にあつまってやることもあるし、どこからどこまで、というようにみんなでいっしょに歩くこともある

## 署名活動

問題についての考えに賛同《さんどう》する人の名前をあつめて政府《せいふ》や企業《きぎょう》にとどける。たくさんの人が問題に思っている、ということを伝える

## シットイン

抗議《こうぎ》相手《あいて》のいるたてもののまえや作業現場《さぎょうげんば》などで参加者がすわりつづける。問題をひろく世間に知らせたり、反対の意思を相手に知らせたりするためにおこなう

## ストライキ

はたらいている人たちがみんなで仕事をとめたり、学生たちが授業《じゅぎょう》に出ることをやめたりして、自分たちの会社や学校に要求がとおるようにもとめる

## ロビー活動

政府や国会議員などに対して直接《ちょくせつ》はたらきかけて、対策《たいさく》をとったり、政策《せいさく》を変えることをもとめる

## 消費アクティビズム

自分が賛同するとりくみをしている商品を買ったり、問題にかかわっている会社のサービスをつかわないようにしたりすることで、意志を表明する

## ハッシュタグ・アクティビズム

決まったハッシュタグやメッセージをつかって発信することで、情報《じょうほう》をひろげ、問題が起きていることをみんなに知らせる

目次



＊＊＊

# いまやって いること

## いまの活動

いま、わたしはいろんな仕事や活動をしながら日々を送っています。

大きくわけると、依頼主《いらいぬし》がいて、「ギャラ」「フィー」などとよばれるお金をもらうタイプの仕事と、自分でやろうときめてやっている活動があります。

依頼主がいる仕事は、依頼をもらって、それにあわせて仕事をし、文章のファイルを商品としておさめるものが多いです。雑誌《ざっし》やウェブサイトにのる記事や、本になる原稿《げんこう》を書いたり、商品やサービスのコンセプトやコピーを考えたりします。企業《きぎょう》や団体《だんたい》、お店やイベントによんでもらって、人前で話をすることもあります。

　自分の意思でやっているのは、市民として社会運動に参加すること。「社会運動」というのは、社会にある問題を解決《かいけつ》するため、また社会をよりよい場所にするために、だれもが参加できるものです。わたしは書くことがとくいなので、おもにお知らせすること、発信活動をしています。世のなかで起きている問題のことや、世のなかをよりよくするための署名活動《しょめいかつどう》、企業へのはたらきかけなどを、SNS《エスエヌエス》やE《イー》メールによるニュースレターで、みなさんにお知らせするのです。

　このつづきに、社会の問題についての「なぜ」や、それについてできることを知るために本を読み勉強会に参加すること、また政府《せいふ》や役所にはたらきかけ、問題を見えるようにするために、デモや集会にでかけることがあります。

　こうした活動をしながら、日々目に入ってくることや考えたことについて文章を書き、それをきっかけにまた取材をすることもありますし、それを雑誌やインターネットに発表して、本にまとめることもあるので、ライターとしての仕事と、アクティビストとしての活動は、ときにかさなりあいます。ライターの仕事と運動をやっていたら、気候変動にかんする運動で文章を書く係になったり、キャンペーンの企画《きかく》をたのまれたりするようにもなりました。

いまは、社会運動の歴史《れきし》のなかで編《あ》みものが社会や経済《けいざい》を変えるためにはたしてきた役割《やくわり》について書かれた英語の本を、日本語に翻訳《ほんやく》しています。ふだんから書いているものを見てくれた編集者《へんしゅうしゃ》さんが、わたしに声をかけてくれて、やることになりました。こうしたことはすべて、わたしの「社会をよりくらしやすい場所にしたい」というミッションにつながっているのです。

ではどうして、わたしは社会運動に参加しているのでしょうか？

それは、これまで生きてきてわたしの頭のなかに作られた「理想の社会」と、たくさんの問題やこまりごとをかかえる人がいる「いまの社会」に大きなギャップがあるからです。

理想の社会といいましたが、「理想」とは、不足や問題のない最高の状態《じょうたい》のことをいいます。みなさんは理想の社会をイメージしたことはありますか？

わたしが考える理想の社会は、どんな場所に、どんな肉体やどんな性質《せいしつ》を持って生まれてきても、いじめられたり、意思にそぐわないことをされたり、暴力《ぼうりょく》をふるわれたりせずに、安全にこまらずくらすことができ、だれもが自分自身でいられる安全でやさしい社会です。

## 専門《せんもん》を持たないひとりの地球市民として

わたしには、とくに「専門」というものがありません。大学では政治学《せいじがく》を学び、大学院では国際関係論《こくさいかんけいろん》という国の関係について研究するプログラムに参加して、外交（国どうしの交流のこと）について勉強したのですが、実際《じっさい》に社会に出てからは、文化、芸術《げいじゅつ》、社会、経済《けいざい》、ファッションといった、さまざまなテーマの仕事をしてきました。こういう仕事をしてわかったのは、それぞれのテーマはバラバラに存在《そんざい》しているように見えても、かかわっている人はみんな社会の一員で、どれもが世界で起きている時代の流れとつながっているということです。戦争が起きたり、経済の状況《じょうきょう》が悪くなったりすれば、それが世のなかのさまざまな場所に影響《えいきょう》をおよぼします。エンターテインメントに見えて楽しめるものでも、そのむこうがわには、大きな社会で起きていることとつながりがあるのです。

わたしの仕事は「伝える」ということです。メディアではたらいていたとき「中立性《ちゅうりつせい》」ということについて教えられました。自分の意見を優先《ゆうせん》するのではなく、社会を客観的に見つめ、どこにもつかない「中立」、つまりまんなかから情報《じょうほう》を発信することがよいという考えかたです。わたしは、専門《せんもん》の分野を持たないぶん、ふつうの人たちの代表という気持ちで、情報を発信していました。

## いまやっていること

それから長いこと、ジャーナリストという肩書《かたが》きを持つからには、ひとりの住民、消費者《しょうひしゃ》、移民《いみん》、女性《じょせい》としての人生を生きながらも、仕事の上では中立性をたもたなければならないと思っていました。

ところがあるとき、「生きることは政治的《せいじてき》なこと」というフレーズと出会いました。考えてみれば、社会で問題になっていることの多くは、個人としての自分ともふかく関係がありました。女性に生まれた人たちのほうが、得られる収入《しゅうにゅう》がすくないこと、ものの値段《ねだん》や地球の温度がどんどん上がっていくことなどは、わたしやわたしの大切な人たちにとって大問題なのです。

また、いろいろなことを勉強するうちに、社会の大多数の人とはちがう性質《せいしつ》を持つ人やさまざまな問題をかかえる人たち、食べものや水を手に入れるのもむずかしいような場所に生きている人たちがいることは、社会のしくみに問題があるのだと考えるようになりました。

その人たちがさまざまにつらい思いをして生きなければならない社会のいまの

かたちや、お金もうけを優先《ゆうせん》するために地球の環境《かんきょう》がどんどん破壊《はかい》されるようすを見て、自分は自分の意見に素直《すなお》に生き、社会をよりよくするために発言したいと思い、ジャーナリストではなくライターという肩書《かたが》きをつかうようになりました。

暴力《ぼうりょく》や戦争は悪いことだと教えられるのに、いつも世界のどこかではあらそいや殺しあいが起きています。

人はみんな平等だと教えられるのに、みんなとちがう国籍《こくせき》を持っていたり、わりあてられた性《せい》と自分が認識《にんしき》する性がちがったり、みんなとおなじように体がうごかなかったりすると、ほかのみんながしなくていい苦労をすることがあります。「差別」をうけたり、暴力をふるわれることもあります。「自分はみんなとちがう」と思ったり、「仲間がいない」と苦しむ人たちが、自分の手で命をおわらせてしまうことがあります。

人間たちは、かぎりのある水やエネルギーといった資源《しげん》を、あとさき考えずにつかい、必要以上の食べものを作っては、大量のゴミをむだに出しています。食

## いまやっていること

べものは、ある場所にはあふれるほどあり、大量にすてられているのに、地球の反対がわでは、おなかをすかせたまま死んでいく命があります。

体調が悪くなったとき、それをなおす方法はあるのに、お金がないという理由で、お医者さんにかかれない人がいます。

わたしたちの生きる社会は、たくさんの問題にあふれています。しかもわたしたちは、ひとりひとりがこの社会を作る大切な一員なのに、わたしたちのくらしにまつわる大切なことを、ごくひとにぎりの人たちが決めてしまっているのです。

社会には、ここに書いた以上のたくさんの問題やこまりごとがあります。そうしたことへの理解がふかまるにつれ、わたしは取材や発信をするだけでなく、運動にも参加するようになったのでした。

いま、わたしたちが生きる社会のシステムは、長い時間をかけて作られ、ととのえられてきたものです。

昔は王様や貴族《きぞく》といった立場の人たちが、社会のいちばん上にすわっていて、その下は、ピラミッドのようにひろがっていました。そして、大半の人たちがまずしいまま、たくさんの労働をさせられていました。そういった社会がいまのかたちに変わるまで、民衆《みんしゅう》たちによる大きな革命がたびたび起きてきました。

19世紀に工場がたくさんできたころ、そこでは人々は休みをあたえられずに毎日はたらかされていました。お休みというものは、はたらく人たちが「お休みをくれなければもうはたらきません」と、自分たちの労働力を武器《ぶき》に「ストライキ」をおこない、勝ちとったものです。

民主主義ができるまえの時代に無視《むし》されていた人々の声は、彼《かれ》らが路上に出て声を上げたから、選挙というシステムによって反映《はんえい》されるようになったし、そのあとの抗議《こうぎ》運動がなかったら、まずしい人や女性《じょせい》たちは選挙に参加する権利《けんり》をあたえられなかったはずです。

だから、いまわたしたちが生きている社会は、むかしの人たちが闘《たたか》ったことの恩恵《おんけい》によるものといえます。

けれど、意見を持ったり、何かをもとめて声を上げたりすることはかんたんなことではありません。積極的に社会に参加できるようになるために、まず知ってほしい、みなさんが生まれながらに持っている権利のお話をしたいと思います。

## みんなの権利

みなさんは、「人権《じんけん》」という言葉を知っていますか？ みなさんがこの世に生まれた瞬間《しゅんかん》から持っている、人としての権利のことです。

「基本的人権《きほんてきじんけん》」ともよび、日本のおおもとのルールである「日本国憲法《にほんこくけんぽう》」にも、日本国民はこの「基本的人権」を持つ、ということが書いてあります。

「人権」は、自由権《じゆうけん》、参政権《さんせいけん》、社会権《しゃかいけん》という3つのグループからなっています。

「自由権《じゆうけん》」とは、人間の肉体や精神《せいしん》（心と頭のなかにあるもの）は国家から自由な存在《そんざい》であるということを意味します。

わたしたちには、自分の信じることを追求《ついきゅう》したり表現《ひょうげん》したり、好きな勉強をしたり、あつまったりする権利《けんり》があるということです。職業《しょくぎょう》やくらす場所をえらぶ自由があり、強制的《きょうせいてき》にはたらかされない権利がある、と憲法《けんぽう》には書いてあります。

「参政権《さんせいけん》」は、政治《せいじ》に参加する権利のことです。国の運営《うんえい》をまかせる政治家をえらぶことができ、政治家になるために立候補《りっこうほ》することもできる、という意味です。

「社会権《しゃかいけん》」は教育を受ける権利、はたらく権利、幸せなくらしを追求する権利のことです。そして、「生存権《せいぞんけん》」、人間らしい生活を送れるように国に保障《ほしょう》をもとめる権利がみとめられています。

ほかにも、やとい主や上司と交渉《こうしょう》をする権利や、何か悪いことをしたり、それをうたがわれたりしたときには、弁護士《べんごし》のたすけを借りて裁判《さいばん》を受ける権利がみとめられています。

基本的人権とは?

国にとって、もっとも大切な文書である憲法が、そうさだめているのだから、現実《げんじつ》もそのようになっている、といいたいところですが、残念ながらそうではないこともあります。「生存権」にある、人間らしい生活とは何でしょうか？　この言葉を聞いてわたしが思いうかべるのは、きれいな飲み水があり、食べものがある安全な家に住み、危険《きけん》を感じずに生きることができ、医療《いりょう》や教育を問題なく受けられる生活です。

　これがなかなかにむずかしいようで、この世界は、貧困《ひんこん》によって路上でくらす人たちや、ごはんを食べることのできない子どもたちであふれています。

「社会権《しゃかいけん》」があるのに、はたらきたいのにはたらけない人、幸せとはかけはなれたくらしをしている人もいます。また、「参政権《さんせいけん》」で政治《せいじ》に参加する権利《けんり》があたえられているはずが、とくに日本では選挙に行かない人もたくさんいます。

このように、憲法《けんぽう》と現実にはギャップもあります。それでも「自分には幸せになる権利がある」ということはおぼえておいてほしいです。

## マジョリティとマイノリティ

「権利」とつながるだいじな言葉に、「特権《とっけん》」というものがあります。それは、「ある身分や地位の人が持つ、ほかの人にはあたえられない権利」のことです。

具体的にはどういうことでしょう？　お金持ちの家に生まれて、はたらかなくても食べものの心配をしなくてもいい人がいたとしたら、その人が持っているものが「特権」です。学校や仕事に行くのに、こみこみの電車にのらずに、車でつれていってもらえることも「特権」かもしれません。そういうことができる大金持ちだったり、社会的にりっぱな地位にあったりする人は、ほかの人にはあたえられない「特権」を持っているということになります。

この社会は、「マジョリティ」と「マイノリティ」でできています。日本語にすると、「多数派《たすうは》」「少数派《しょうすうは》」です。でも、数が多ければ「マジョリティ」かといえば、そうともかぎりません。

たとえば、人口のおよそ半分が女性《じょせい》ですが、男性《だんせい》とおなじチャンスがあたえられなかったり、もらえるお給料がすくなかったりします。数はおなじくらいでも、女性は「マイノリティ」であると考えられています。

「マジョリティ」「マイノリティ」という言葉は、人間が持つたくさんの性質《せいしつ》や個《こ》性《せい》、人種や生まれた場所といったアイデンティティにより決まるものです。

ジェンダー（性別《せいべつ》）でいうと、生まれたときにわりあてられたジェンダーと自分が感じるジェンダーがおなじ「シスジェンダー」がマジョリティで、男・女というふたつのジェンダーのどちらもしっくりこないという人や、生まれたときにあたえられた性が自分の感じる性とことなる「トランスジェンダー」の人などがマイノリティになります。

セクシュアリティ（どういう相手に魅力《みりょく》を感じるか）という点でいえば、異性《いせい》を好きになる人たちが圧倒的に多い社会では、それ以外の、同性を好きになる人や、ほかの人を好きになったり魅力を感じたりしないという人たちがマイノリティとされます。

「両親ともに日本人」という人が多い日本では、いろいろな理由で日本にくらすことになった外国籍《がいこくせき》の人や、ミックスルーツ（ルーツがふたつ以上ある）の人などは、人種的なマイノリティといえます。

## いまやっていること

いろんな宗教《しゅうきょう》を信じる人がいる国で、あるひとつの宗教を信じる人たちが権力《けんりょく》を持っているとしたら、この人たちが「マジョリティ」で、ほかの宗教を信じる人たちは「マイノリティ」になります。

体に問題がなく、かんたんに階段《かいだん》をのぼりおりできたり、思いどおりに運動ができたりする人は、「マジョリティ」です。

「特権《とっけん》」はたいてい、マジョリティにあたえられるものです。じゃあ、社会は「マジョリティ」と「マイノリティ」にきっぱりわけられるかというと、そうともかぎりません。

わたしを例にしてみると、日本という国に日本人の両親のもとで生まれ、自分で何も努力をしたわけではないのに、生まれた瞬間《しゅんかん》に日本の「国籍」というものをあたえられました。

いろいろと葛藤《かっとう》はありましたが、生まれたときにわりあてられた「女性」というジェンダーを生きてきましたから「シスジェンダー」ですし、おじいさんや両親がたすけてくれたおかげで、教育を受ける機会を受けとり、大学院まで行かせてもらいました。

子どものころから人種的な差別を受けなかったり、日本という国を出入りするときにスムーズだったり、疑問《ぎもん》なくあたえられた教育を受けとってきたということが、わたしの「特権《とっけん》」になります。

同時に、わたしは「女性《じょせい》」という、あたえられる権利《けんり》がすくないほうのジェンダーに属《ぞく》しています。アメリカという外国にわたって、白人という人種が多い国で、移民《いみん》として、「アジア系《けい》」と分類される存在《そんざい》として生きていますから、いくつかのマイノリティ性も持っています。

これを読んでいるみなさんのなかには、「なんの悩《なや》みも問題もない」という人もいるかもしれませんが、何かの理由でマイノリティ性を持っている人もたくさんいるのではないかと思います。おそらく多くの人が、マジョリティとしての性質《せいしつ》

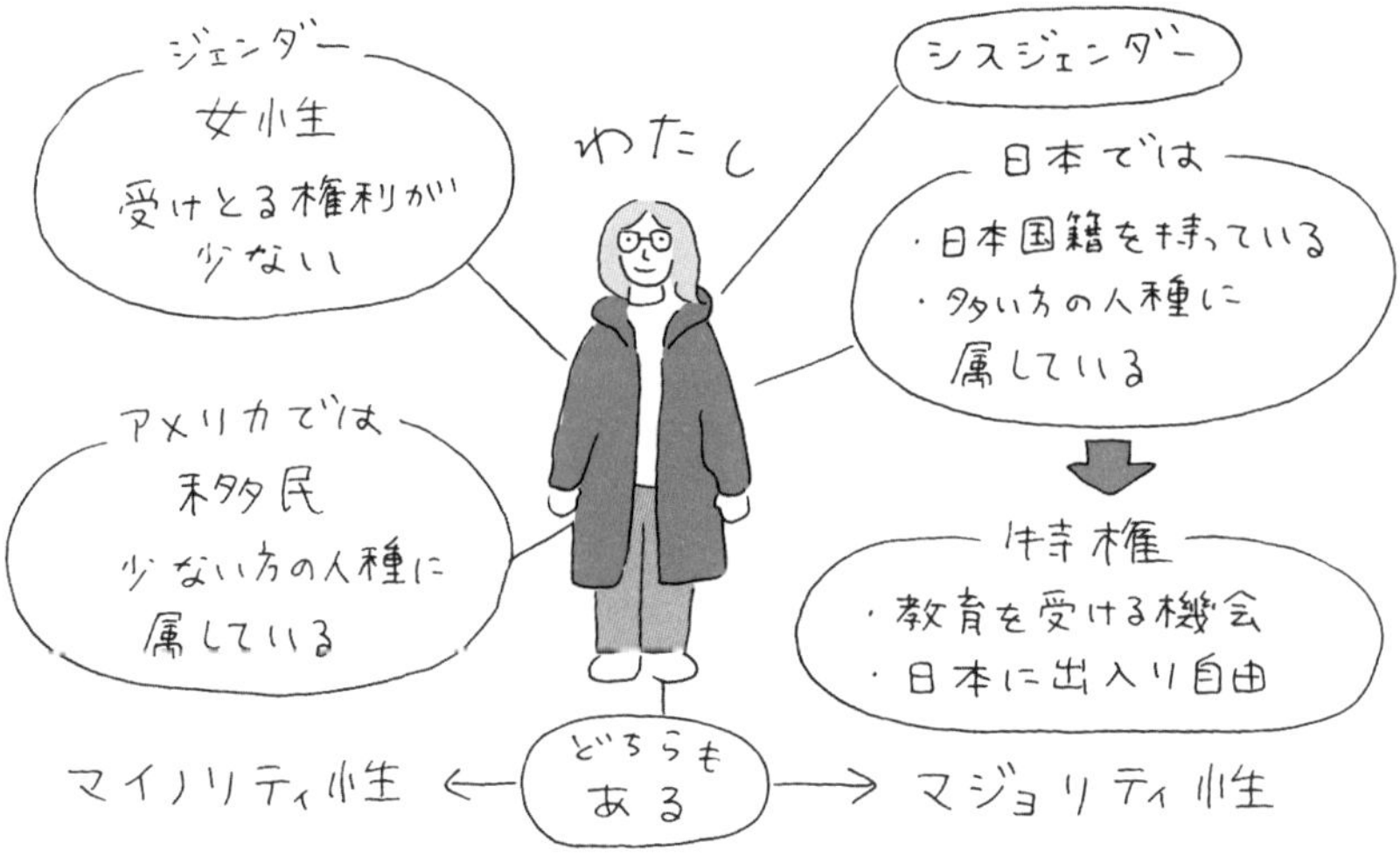


**わたしを分類すると…**

と、マイノリティとしての性質をあわせもって生きているはずです。

マイノリティであると、多くの人が体験しなくていい目にあったり、問題にぶちあたったりすることがあります。「特権」のない側になってしまうのです。

2020年、新型コロナウイルスのパンデミックが起きたときのことです。ロックダウンのあいだ学校や仕事が休みになったとき、みんなの生活がスムーズになるように、危《き》険《けん》をおかして、電車をうごかしたり、食べものの配達をしたり、病人のケアをしたりという仕事をしている人たちがいました。アメリカでは、こういう、生活にどうしても必要な仕事をする「エッセンシャル・ワーカー」のほとんどが、人種的なマイノリティであることがわかりました。つまり、パンデミックのときは「お休みして家にいることができる」ということが「特権《とっけん》」だったのです。

じゃあ、ほかの人たちが持っていないかもしれない「特権」を持っている人たちは、どうすればいいのでしょう？　「わたしはなにも努力していないのに、権利《けんり》をあたえられてしまった」と思ってしまいそうになりますが、大切なのは、その「特権」を、社会をマイノリティの人たちに生きやすい場所にするためにつかうことなのだと思います。

パンデミックの当時、アメリカの大統領《だいとうりょう》だったドナルド・トランプがパンデミックが起きたことを中国のせいだといいました。その発言によって、ニューヨークでは、中国人やアジアにルーツを持つように見える人たちに対する暴力事《ぼうりょくじ》件《けん》がつぎからつぎへと起きました。わたしの友だちにも、知らない人につばを吐《は》かれた、どなられた、という人がいました。そのときは、わたしも暴力の標的になるのではないかと、外に出ることがこわくなりました。

肌《はだ》の色や宗教《しゅうきょう》、ジェンダー、国籍《こくせき》などを理由にだれかを攻撃することは、「ヘイトクライム」とよばれ、ニューヨークでは犯罪《はんざい》としてあつかわれています。でも、外に出ることすらこわいのに、「ヘイトをやめて！」「たすけて！」とは、なかなかうまくいえませんでした。

そんなとき、アジア人でない人たちが「やめろ！」と声を上げてくれました。これは、わたしをふくめたアジア人に、とても大きな勇気をあたえてくれました。「特権」を持ち、声を上げることができる人たちが、そうでない人たちのために立ち上がることがとても大切なのです。

## 民主主義《みんしゅしゅぎ》

日本という国において大切なものに「民主主義」があります。憲法《けんぽう》には、国民に主権《しゅけん》がある、つまり、国をどう運営《うんえい》するのかを決めるのは国民である、と書いてあります。現実《げんじつ》には、選挙制《せんきょせい》という制度になっていて、国民は自分たちを代表する議員を選挙によってえらび、国会に送りこむことになります。

この政治《せいじ》のしくみのおおもとには、国民を代表する議員たちは国民の気持ちにこたえるためにはたらく、という考えかたがあります。それぞれの地域《ちいき》を代表する議員さんたちが、それぞれの地域に住む人たちの意見を、国の中心となる「国会」や「政府《せいふ》」に伝えることが、民主的だという考えかたです。

ところが、このシステムには欠点もあります。議員が、国民よりもよりパワフルな大企業《だいきぎょう》の考えや、自分のお金をかせぐことを優先《ゆうせん》してしまうことがあるからです。また、世のなかには、女性《じょせい》も子どもも、生まれながらにあたえられた性別とちがう性別を生きている人も、みんなとちがうからだの性質《せいしつ》を持っている人もいますが、みんなを代表するはずの議員たちの大半は、年配の、それも生まれたときからずっと男性の人たちなのです。

ですから、「みんな」のために考えられたはずの民主主義のしくみの上でおこなわれる政治が、ほんとうに「みんな」のためになっているかどうかを考えてみると、システム上はそういうことになっているけれど、現実はかならずしもそうでもない、という答えになってしまいます。

## 資本主義《しほんしゅぎ》

生まれた瞬間《しゅんかん》に、たくさんの権利《けんり》をあたえられたはずなのに、この世界には、それを受けとれていない人がたくさんいます。この状況《じょうきょう》の大きな原因に、資本主《しほんしゅ》義《ぎ》というわたしたちが生きる社会のしくみがあります。

ものすごくかんたんに説明すると、資本家《しほんか》（お金を持っている人）が人々をやとい、労働をしてもらって商品を作ったり、サービスを提供《ていきょう》したりして受けとった売り上げから、かかったお金をひいたあとにできる「もうけ」を作るしくみのことです。

おにぎりを作って売ることを考えてみましょう。

売り上げから、お米や具にかかるお金と、作った人のお給料などをひいた額《がく》が「利益《りえき》」とよばれるもうけになります。利益をもっとふやそうとすると、手作りでなく、機械《きかい》でたくさん作ってたくさん売るのがよさそうです。

たくさんの利益が出れば、より多くの人をやとったり、もともといる人の給料を上げたり、新しいおにぎりの機械を開発することができます。作った機械をほかの会社に売ることもできるかもしれません。

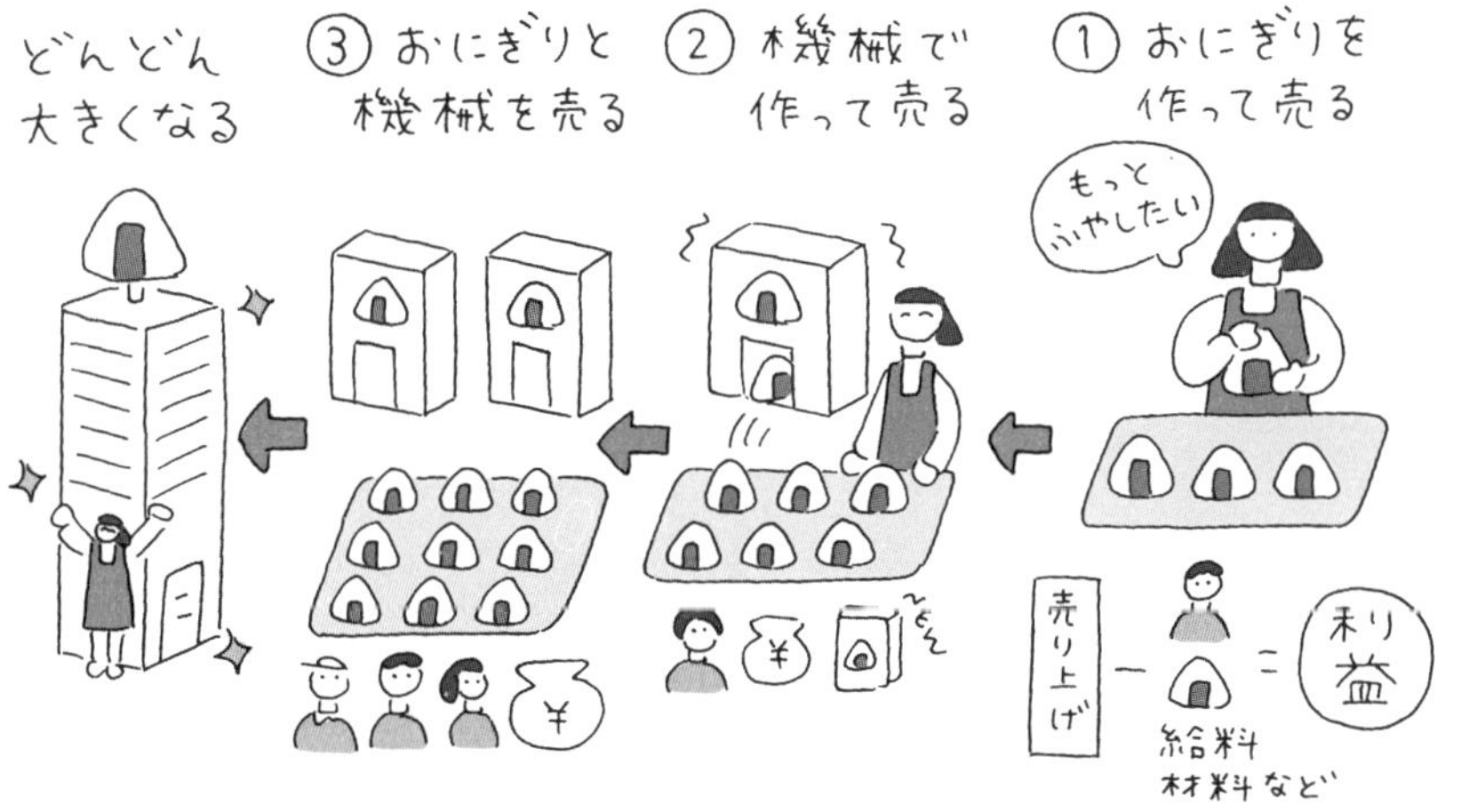


おにぎり屋さんで考えてみると…

こうやって、おにぎり屋さんがどんどん大きくなっていけば、はたらいている人にも、資本家にもよいことがありそうです。20世紀までの資本主義においては、このような考えかたにもとづいて、どんどん会社は大きくなり、そのおかげで技術《ぎじゅつ》もどんどん進歩していきました。

ところが、会社のトップにいる資本家の人たちが、自分たちがよりもうけるために、人をやとうためのお金や、ものを作るのにかかるお金をおさえればいい、と考えました。その結果、ほんのわずかの大富豪《だいふごう》とたくさんいる市民のあいだや、ゆたかな国とまずしい国とのあいだにある差、格差《かくさ》がどんどん大きくなりました。

ほかにも、資本主義社会《しほんしゅぎしゃかい》には問題があります。

いま、地球温暖化《ちきゅうおんだんか》、気候変動という問題が起きていることは、みなさんも知っていると思います。この問題を調べていくと、利益《りえき》をより大きく得ようとしてきた企業《きぎょう》のやりかたによって、自然や環境、人々のくらしが犠牲《ぎせい》にされてきたことがあきらかになってきました。

人間たちが、お金もうけをいちばんに考えてきた結果、海や山の生態系《せいたいけい》がこわされ、生きものがへったり、農業をつづけることがむずかしくなって食べものが足りなくなったり、という状況《じょうきょう》ができあがってしまったのです。

おまけに人間たちは、いつの時代も戦争をしています。そのうしろには、武器《ぶき》や兵器《へいき》を取り引きしてお金をかせぐ企業がいます。地球が、人類がくらせない場所になったら、どうしようもないはずですが、破壊《はかい》をやめることができないのです。みんなが安全にくらせる社会は、これではますます遠のくばかりです。

## いまやっていること

こんな状況に希望を持ちつづけるのは、かんたんなことではありません。でも、わたしは、この世のなかが、みなさんが安心してきげんよくくらせる場所でありつづけると強く信じています。それを信じることができるのは、さまざまなところで、環境《かんきょう》破壊をとめようとしたり、社会をよりあたたかい場所にするためにうごいたりしている人たちに出会うからです。

わたしが考える理想の社会のすがたは、子どものころに見た風景、学校や本から教えられたこと、労働者として社会に出て得た実感などによってできたものです。長いことかけて、自分のような小さい存在でも、社会をよくするために貢献《こうけん》できることがある、みんなが力をあわせれば、社会はよくすることができる、と信じることができるようになりました。ここからは、わたしが、これまでどんな道をとおってきたのか、ふりかえってみたいと思います。

# はじめての革命《かくめい》

高校生のときに、わたしは家の外ではじめての「革命」をこころみました。

文化祭の実行委員になったときのことです。わたしは友だちとバンドをやっていて、後夜祭で演奏《えんそう》するつもりでした。わたしの学校はきまりがきびしく、後夜祭には学校の生徒しか参加できないことになっていました。でも、ほかの学校の友だちにも見てほしいのにな、と思っていました。

文化祭の後夜祭に、どの学校の生徒もきてもよい、という学校もたくさんありました。ほかの学校ではできることが、自分の学校ではできないことはフェアではないと考えて、まわりの人に聞いてみると、だいたいの人が「オープンにしたい」という意見でした。

そこで、文化祭の実行委員会に投票をやろうと提案《ていあん》してみたのです。賛成《さんせい》の票が多ければ、先生たちの考えも変わるはず。投票用紙を作り、朝礼でくばりました。中学1年生から高校3年生までが参加する投票です。

後夜祭をオープンにしたい人が多い、という自分の調査《ちょうさ》には自信を持っていましたが、「結果がちがっていたらどうしよう」と急にドキドキした気持ちになりました。

でも、結果は賛成多数《さんせいたすう》でした。勝った、とわかったとき「自分はまちがっていなかったのだ！」と、とびあがりたいような気持ちになりました。これで、後夜祭にみんなに来てもらえる！

ところが、そのあと、実行委員たちがひとりずつ先生によびだされました。わたしがよびだされたのは最後。先生にいわれたのは、ほかの委員の仲間たちはみんな投票の結果をすてて、後夜祭はいつもどおり、学内だけでやればいい

## コラム

と考えているということ、そして、それが気にいらなければわたしはほかの学校に転校したほうがいいということでした。

言葉はやさしかったけれど、わたしはあとがないことをさとりました。学校は、民主主義《みんしゅしゅぎ》社会ではなかったのです。こんな学校やめたい、と思う気持ちもありましたが、あと1年がまんすれば卒業できるのです。気が大きいとはいえない自分はふるえあがり、わたしのはじめての革命《かくめい》はあっさり挫折《ざせつ》しました。

わたしのはじめての革命のこころみは、結果は大失敗。それでも、後夜祭をもっと楽しいものにできないかと考えたことや、ほかの学校とのちがいに「おかしい」と感じた気持ちがもとになったものだったから、「やってみた」という満足感はのこしてくれました。革命はかなわなかったけれど、賛成《さんせい》してくれた人が多く、選挙には勝ったことも、小さな自信につながりました。

大人になってからもずっと「何かを変える」というこころみをたくさんして

きましたが、がんばったけどとどかなかった、変えることはできなかった、という結果のほうが圧倒的《あっとうてき》に多いです。「革命は一夜にしてならず」という言葉があります。社会は急には変わらないのです。

けれど、意見を伝えたり、話をしたりすることで、だれかの心にひっかかってくれることもあるし、その人がまた、ほかのだれかに話してくれることもあるでしょう。大切なのは結果だけではありません。そこまでの道すじもおなじくらい大切なのだと思います。

# 子どものころのこと

## なぜ自分はこういう人間になったのか

いまの自分にたどりついたのは、どうしてだろう？　と考えることがあります。

わたしが生まれたのは、１９７３年の夏の日のことでした。

お父さんは、第二次世界大戦という日本が参加した大きな戦争の最後の年、原子力爆弾《げんしりょくばくだん》が広島《ひろしま》と長崎《ながさき》におとされる３か月前に生まれたそうです。その４年後にお母さんが生まれました。

大学を卒業したばかりだったお母さんが、

## 子どものころのこと

お父さんと知り合って結婚《けっこん》したつぎの年の7月5日にわたしが生まれました。戦争がおわったころに生まれた人たちのあいだでベビーブームとよばれる現象《げんしょう》が起きて、たくさんの赤ちゃんが生まれたころだったそうです。

名古屋でそだったうちのお母さんは、東京で仕事をするお父さんと23歳で結婚し、24歳でわたしを産み、3年後に妹を産みました。そんなに若い女の人が、知らない土地でふたりの子どもをそだてるのは、大変なことだったろうと思います。

子どものころのわたしは、とにかくおしゃべりで、髪《かみ》の毛が生えてくるよりもまえに、ペラペラとしゃべっていたとか(ちょっとこわい)。いつもそわそわとおちつきがなく、キョロキョロとまわりを見ていたそうです。毎日、見るものがめずらしく、たくさんのことに興味《きょうみ》があったのだと思います。

とにかくいろいろなことを知りたかったので、本を読んだり、物語をおいかけたりするのは大好きでした。一方で、暗記や地味な練習は大の苦手。あきっぽくて、いろいろなことに手を出しては、長つづきしない、というくりかえしでした。

新しいことが好きで、知らないものを見たり、経験《けいけん》したりしたいがあまり、いつも自転車で家をとびだしていました。なかなかもどってこないので、おじいさんに「糸の切れた凧《たこ》」というあだ名をつけられたくらいです。

なかでも大好きだったのは商店街です。お母さんにおつかいをいいつけられて、八百屋《やおや》さん、お魚屋さん、お肉屋さんとまわって大人たちにほめられては、ほくほくとよろこびました。大人になったいまも、大きな会社がやっているスーパーやショッピングモールより小さな店が好きで、商店街がある街に住んでいますし、ライターとして取材をするときも、小さなお店をえらぶようにしています。

小学高学年になるころには、大人むけの雑誌《ざっし》や本を読み、大人たちの会話に耳をかたむけ、自分のまわりで起きることをもとに物語を考えたり、大人の口から出る言葉を頭のなかであつめたりしていました。

また、いつも紙に何かを書いたり、描《か》いたりしていました。マンガ家になりたいと思って絵を描き、自分の目に見えること、想像《そうぞう》の物語をノートに書いていました。書く、ということは、自分にとってはとても自然なことでした。

子どものころから自然にやっていたこと、苦痛《くつう》でないことが職業《しょくぎょう》になったのは、幸運なことだと思います。仕事になってみると、いくら自然にやっていたことでも、「やりたくない」という気持ちになることもあるし、うまく言葉が出ないこともあるのですが、それでも「苦痛ではない」ということは、職業をえらぶうえではけっこう重要なことかもしれないとも思います。人は、もらった時間のほとんどを「はたらく」ということにつかうからです。

幼稚園《ようちえん》にかよっていたころ

わたしにとっては商売道具ともいえる「言葉」が大好きで、文字をならべ、こねくりまわし、文章をととのえ、かっこよくしたり、やさしく聞こえるようにしたり、といった作業も、いつまでたっても「修得《しゅうとく》した」という気持ちにはならないので、あきるということがありません。

## 「女の子」であることへの抵抗《ていこう》

自分が「女の子」として生まれた、ということには、どうも納得《なっとく》がいかないような、ハズレくじを引いたような気持ちがありました。

まだ小さなとき、おじいさんにつれられて、親せきがたくさんいる岐阜《ぎふ》をたずねたことがあります。そこでは、男の人たちがただお茶を飲んだり、おしゃべりしているあいだに、女の人たちがパタパタと歩きまわって、お茶をはこんだり、料理の準備《じゅんび》をしたりしていました。

そのとき自分は、「こきつかわれるのはいやだ、のんきにお茶を飲むほうのチームに入りたい」と思ったのかもしれません。東京に帰ってすぐに、立ちションの練習をして失敗し、トイレのそうじをするはめになりました。

女の子であるということは、自分がどう生きようと、何をしようとついてくるハンデのように思えました。幼稚園《ようちえん》で男の子とケンカをしたとき「女の子なんだから」とたしなめられ、何かをやりたいといったとき「それは男の子がやるものです」といわれると、ずいぶん理不尽《りふじん》なことをいわれたような気持ちがしていました。自分は女の子になることを自分でえらんだわけではないのに、という抵抗があったのだと思います。

ところがわたしは、のちのち受験で苦労しないようにとお母さんが受けさせてくれた小学校の入学試験に受かり、6歳から小・中・高と12年間つづく、女の子ばかりの学校に入ることになりました。

学校に入ってすぐ「どうやらまちがった場所にきてしまったようだ」という感覚を持ちました。この「ここは自分の場所ではない」という違和感《いわかん》が、わたしがいま社会を見る視点《してん》のはじまりにあったのかもしれません。

## 「問題児」だった自分

小学生のころ、自分のことを劣等生《れっとうせい》の問題児だと思っていました。いつも先生たちにおこられたり、注意をされたりしてばかりいました。うちのお母さんは、学校の面談に行くと、かならずしょげて帰ってきました。わたしが問題児である、ということを先生にいわれるからです。「この子はロクな大人にならない」とまでいわれたこともあったようです。

「どうしてゆみちゃんは、みんなのようにできないの？」

と聞かれても、自分では理由はわかりませんでした。そわそわとおちつきがないことも、口をひらいてはいけないときにしゃべってしまうことも、わざとやっていたわけではなかったのです。

自分がはじめて「問題児」としてあつかわれたのはいつだったかと考えてみる

## 子どものころのこと

と、幼稚園《ようちえん》のときだったと思います。わたしがかよっていた幼稚園では、１日のおわりに、ある儀式《ぎしき》のようなものがありました。いすを持ってクラスのみんなと円を作り、じっとして目をつぶっていると、先生が頭をさわってくれる、というものでした。先生が頭をさわった子から帰ることができます。わたしは、じっと立っていることが苦手だったので、いつもいすを持ったまま最後までのこされました。自分はダメな子どもなのだなとはじめて自覚したのはこのときです。

いまにしてみると、自分が「女の子」だということに混乱《こんらん》していたうえに、おちついてすわっていることが大の苦手で、そのうえ、たくさんのルールに対する「？」という気持ちをすぐに口に出してしまうわたしは、先生からすればあつかいづらい子どもだっただろうなと思います。

ずっとあとになって、ＡＤＨＤ《エーディーエイチディー》（注意欠如《ちゅういけつじょ》・多動症《たどうしょう》）というものについて知りました。心の調子が悪くなって、セラピーにかようようになってから、先生にわたしがＡＤＨＤを持っていると教えてもらったのです。

ひとつのことをずっとつづけられない、衝動的《しょうどうてき》で注意力が低いなど、子どものころ自分がおこられていた理由の多くが、ＡＤＨＤ《エーディーエイチディー》のあらわれかたにあてはまると知って納得《なっとく》しました。おまけに、この特性《とくせい》とともに生きている人の数はとても多く、だいたいクラスにひとりかふたりはいるほどだというのです。わたしが子どものころは、まだこうしたことが理解《りかい》されていませんでしたから、大人たちは、わたしをどうあつかっていいのかわからず、ひたすらしかることで、行動を変えさせようとしてしまっていたのだと思います。

## おかしなルール・無言の業《ぎょう》

社会には、おかしなルールがたくさんあるようでした。とくに学校には、理解できないルールがたくさんありました。わたしがかよっていた学校には、髪《かみ》の毛

# 子どものころのこと

のむすびかた、制服《せいふく》の着かた、持つ文房具《ぶんぼうぐ》など、たくさんのことについて、こまかいルールがありました。どうしてみんながおなじかっこうをしないといけないのか、この髪のむすびかたがよくて、もうひとつがどうしてよくないのか、などなど、わからないことだらけでした。

おこられてばかりいたわたしは、ロッカーのまえで立たされたり、先生のとなりの席にすわらされたりすることもありました。終礼の時間に、ルールをやぶった人のことを報告《ほうこく》しあう時間がありました。わたしはときどき「サクマさんが〇〇していました」とこの時間にいわれていました。

あるときは、授業中《じゅぎょうちゅう》にとなりのお友だちとおしゃべりをしたことが理由で、「無言の業」という、まる1日言葉を発してはいけない、無言でいないといけないという罰《ばつ》を受けたこともありました。休み時間はだいじょうぶかと思い、すこししゃべったことも、終礼の時間に「サクマさんが『無言の業』なのに話していました」と報告され、さらにしかられました。

おこられるとき、自分があきらかに悪いときももちろんありましたが、「問題児」というレッテルがはられているために、自分に関係のないことでおこられることもありました。

小さな世界で起きたことではありましたが、それらは、わたしの心に長くいえない傷《きず》をのこしました。でも同時に、それによって、心のどこかに「決定権《けっていけん》を持つ人たちが正しいとはかぎらない」という考えがうえつけられ、世のなかで孤立《こりつ》する人たちへの共感を持つようになったのかもしれません。

いつか自分は、この人たちを見かえしてやるんだ、というやる気を手に入れられたのも、こうした体験によるものだったと思います。

## いじめと差別

## 子どものころのこと

中学生になると、学校でいじめがはじまりました。ひとりの子がボスのようにいじめをリードし、だれかのくつ箱にゴミを入れたり、くつに画びょうを入れたりしていました。ターゲットになる子たちがいじめられる理由は、制服《せいふく》がみだれているとか、ちょっとだらしないとか、笑い声がみんなとちがうとか、小さなことばかりでした。

標的は、いじめの中心にいた子の気分によって、つぎつぎと変わっていきました。自分もされたらいやだなあと思っていたけれど、先生たちにおこられてばかりいたからか、わたしの番はやってきませんでした。

あるとき、先生にのこされて帰りがおそくなったときに、となりのクラスの子とくつ箱のところでいっしょになりました。その子がくつ箱をあけると、なかからゴミがざざっとながれでました。くつ箱の持ちぬしは、遠くからこの学校にかよう、ゆかいでおもしろいキャラの子で、いつもいじられたり、からかわれたりしていましたが、それでもいつも笑っていました。いじられているのに、どうして笑っていられるのだろう？　いいかえせばいいのに、そう思ってしまったこともありました。

その子が、くつ箱のまえでぼうぜんと涙《なみだ》をながすすがたを、いまでも忘《わす》れることができません。いじめが起きる瞬間《しゅんかん》を目撃《もくげき》すれば、いじめっ子をにらみつけたり、いじめられている人をかばったりと小さな抵抗《ていこう》をしたものの、もちろんいじめをとめることはできず、自分の勇気のなさをなさけなく思っていました。

学校では、人はみんな平等だと教えられたはずが、現実《げんじつ》はそうでない、と気がついたのもこのころだったかもしれません。

学校のいじめのリーダーは、近所にあった韓国系《かんこくけい》の学校の生徒たちとすれちがうと、いじわるな顔をして「チョン学校っていうんだよ、知ってる？」というような子でした。はじめて耳にする言葉でしたが、悪意は伝わりました。

ほかにも、わたしのまわりでは、朝鮮半島《ちょうせんはんとう》や、部落《ぶらく》とよばれる場所の出身の人に対して、それが悪いことかのようにヒソヒソと話題にされることがありました。

## 子どものころのこと

肌《はだ》の色が濃《こ》い外国人のことを、自分たちより下の存在《そんざい》であるかのように話す人もいました。そのたびにわたしはモゾモゾとおちつかない気持ちになりました。

差別もいじめも、ねっこはおなじところにあるように思います。どちらもだれかを自分より「下」の存在として、見くだすおこないだからです。

大人になってからも、いじめを目撃することがあります。仕事の場で、ルールにそってうごかない人を無視《むし》して孤立《こりつ》させたり、上司が部下を精神的《せいしんてき》においつめたりするハラスメントは、いじめとおなじことです。女性《じょせい》やマイノリティを見くだしたり、本人がのぞまない役割《やくわり》をおしつけるような差別も、人の心を傷《きず》つけ、いじめることとおなじだと思います。

学校にいたいじめっ子のことを、いまでも思い出すことがあります。生まれたときからいじめっ子だったわけではないでしょうから、もしかして、家で虐待《ぎゃくたい》にあっていたのだろうか？　ほかの人からいじめられていたのだろうか？　と思ったりもします。

だれかをいじめたいという気持ちも、たまたま生まれもったアイデンティティを理由に人を下に見る気持ちも、どこから来るのだろう？　その問いの答えは、大人になったいまでもわかりません。けれど、人に上や下を作る社会でなかったら、みんなが幸せだったら、いじめは生まれるでしょうか。

小さいころの自分は、目のまえでくりひろげられるいじめにどう対抗《たいこう》すればよいのかわからなかったけれど、あのとき、いじめられた子が孤立《こりつ》するのに自分もくわわっていたのかもしれないという気持ちは、ずっとぬぐわれることなく、わたしとともに生きています。

## みんなきらい、という気持ち

日々みんなのまえでおこられるというのは、なかなかにキツい体験でした。はずかしく腹《はら》だたしいのと、「またゆみか」という空気が、わたしを打ちのめしました。つげ口されることをおそれ、だれのことも信じられないような気持ちになることがありました。

このころの自分は、だれも信用できない、「みんなきらい」という気持ちをかかえていました。「問題児」である、ということは、異質《いしつ》なものとしてあつかわれることでした。自分だけみんなとちがうことをさせられたりするのもしんどかったです。家に帰れば、それをお母さんに報告《ほうこく》しなければならないのもつらくて、すこしずつよりみちをするようになりました。わたしは、自分がわざと問題を起こしているわけではないのに、そういうあつかいをされることにひどく傷《きず》ついていました。

なかよくしていた近所の男の子たちにも、あるときから「おとこおんな」とよばれ、遊んでもらえなくなりました。自分のジェンダーに違和感《いわかん》をおぼえていましたから「おとこおんな」とよばれることにおどろきはなかったのですが、それが理由で遊んでもらえないことはかなしく思いました。

そのうち、図書館や本屋さんにこもって、知らない世界のことを教えてくれる本のページを、かたっぱしからめくるようになりました。自分の世界の外に、どうやら大きな世界がひろがっているらしいと気づきました。

ひとりで遊びにいくことがゆるされるようになると、自転車にのって、こっそり遠くへでかけるようにもなりました。ひとりでの冒険《ぼうけん》に解放感《かいほうかん》を感じ、知らない世界に何がひろがっているのか、知りたいという欲望《よくぼう》がどんどん大きくなりました。

## 交流イベント

わたしがかよっていたのは、カトリック系《けい》の学校で、キリスト教について学ぶ

## 子どものころのこと

「宗教《しゅうきょう》」の授業《じゅぎょう》がありました。聖書《せいしょ》をもとに、隣人《りんじん》を愛しなさい、罪人《ざいにん》をゆるしなさいと教えられるのに、自分はおこられるばかりで、ゆるされていないような気持ちでいました。

自分の居場所《いばしょ》がないという気持ちをかかえていた、中学生のときのことです。あるとき、わたしともうひとりの友だちが、何か悪さをしたと思われて先生におこられた直後、「宗教委員」という役の選挙がありました。

宗教委員の役割《やくわり》は、チャリティのイベントで係をやったり、学外の養護学校《ようごがっこう》と交流をしたりすることでした。めんどうなものだと思われていたので、それをすんでやりたがる人はいませんでした。おこられたばかりのわたしたちがなぜかこの役に推薦《すいせん》されて、クラスの投票で委員になることになりました。

なんてことだ、と腹《はら》がたちました。たまたまその日おこられたから、みんながやりたがらないことをおしつけられた、と思ったのです。

わたしたちは、養護学校との交流イベントの準備《じゅんび》をすることになりました。わたしはペアになった友だちといっしょに、1学期のあいだの放課後、世田谷《せたがや》にある光明学園《こうめいがくえん》にときどきかようようになりました。

そこには、いろんな子どもたちがいました。歩きかたや話しかたがわたしたちとちがう子もいました。わたしたちとおなじように言葉を話さなくても、とてもじょうずに絵を描《か》く子がいました。

最初ははじめての環境《かんきょう》のなかでどうふるまったらいいかわからず、オドオドしていたと思います。けれど、わたしの学校の先生たちよりよっぽどやさしい先生たちが、わたしたちをよろこんでむかえてくれたので、すぐに居心地《いごこち》がよくなり、かようことが楽しみになりました。そこでは、みんなとおなじようにできないという理由でおこられることもありませんでした。

イベントの担当《たんとう》として、わたしたちの相手をしてくれたのは、年上の高校生の男の子、S《エス》さんでした。わたしより体が小さく、足に装具《そうぐ》をつけて歩く彼《かれ》は、大人のような言葉をつかってていねいに話すので、自分もすこし大人になったような気がしました。

わたしたちはSさんにいろいろ教えてもらいながら、イベントの準備《じゅんび》をしました。かざりつけを作ったり、ほかの生徒さんたちが作ったものをかざったり。かんたんなことでしたが、この経験《けいけん》で、自分は、おまつりごとやイベントを作りあげたり、参加したりすることが好きなのだと気がつきました。

交流イベントの日には、わたしの学校からも生徒たちがやってきました。自分がどれだけ楽しい思いをしたか、きみたちにはわかるまい、とこっそりほくそ笑《え》みました。イベントが無事に成功したことはとてもほこらしかったのですが、わたしの役割《やくわり》とそこですごす時間もおわってしまい、もとの生活にもどらなければいけなくなったことに、「あーあ、おわっちゃった」とガッカリしていたことをおぼえています。

この体験が、自分のなかに楽しい記憶《きおく》としてのこっているのは、わいわいとイベントの準備をすることが楽しかったこともありますが、光明学園が、みんなとおなじにできない、ということで自分がジャッジされる場所ではなかったのもあったと思います。自分がふだん住んでいる世界はとても小さく、その外には、もっとたくさんの種類の人たち、やさしい人たちがいるのだと知れたことが、自分へのなぐさめになりました。

# みねしま先生とトットちゃん

わたしがかよっていた小学校には、授業《じゅぎょう》がおわってみんなが帰ったあとも問題児をのこしてしかったり、手つだいをさせる「おのこし」という習慣《しゅうかん》がありました。わたしはしょっちゅうこの「おのこし」の対象《たいしょう》になっていました。

ある日「おのこし」されたとき、体育の先生にとどけものをするという役をたのまれました。とどけ先は、みねしま先生。みねしま先生は、どちらかといえばきびしい人でしたが、髪《かみ》の毛の長いおしとやかなタイプの先生が多かった学校で、パンツのジャージすがたがとにかくかっこよかったので、ひそかにあこがれていました。

## コラム

その日、何かをやらかして「おのこし」された自分は、すこしきまりが悪い、はずかしいような気持ちで、体育館に行きました。すると、みねしま先生が、「ありがとう」とお礼をいってくれたあと、

「さくまさんは、トットちゃんなんだもんね」

と、頭をなでてくれました。

家に帰って「トットちゃんっていわれた！」というと、お母さんが『窓《まど》ぎわのトットちゃん』という、テレビの司会でおなじみの黒柳徹子《くろやなぎてつこ》さんの自伝を出してくれました。

トットちゃんとは、黒柳さんが、子ども時代に「てつこ」という自分の名前をいえずに「トット」といったことからついたニックネームです。当時、テレビに出てくる黒柳さんは、はなやかに第一線で活躍《かつやく》する人たちにインタビューしたり、歌番組の司会をしたりしていましたが、『窓ぎわのトットちゃん』を読むと、子どものころの黒柳さんは、わたしがいうのもなんですが、ずいぶんな

変わりものだったようでした。

ふつうの学校を「退学《たいがく》」させられたトットちゃんが、「トモエ学園《がくえん》」という変わった学校にかようようになり、そこで先生や友だちとすごしたかずかずの思い出を描《えが》いたこの本を、わたしはなんども泣きながら読みました。

わたしも学校を退学になれば、トモエ学園のような学校に入れてもらえるのか？　とも考えました。実際《じっさい》は、トモエ学園は戦争で焼けてしまい、そのころはもうなかったのですが。

けれど、その本を読んだことで、子どものころ問題児でも、生き生きとした大人になることができるのだ、とすこし希望を持ちました。そして、わたしのことを「トットちゃん」とよんでくれたみねしま先生は、わたしの味方なのだ！　と、孤独《こどく》な気持ちがちょっぴりやわらぎました。

あいにく、ある夏休みをおえて2学期がはじまったとき、みねしま先生は学校にもどってきませんでした。わたしはまた「味方がいない」という気持ちで

## コラム

学校にかようことになりましたが、それでもみねしま先生の言葉は、その後もわたしをささえてくれました。

大人になって『窓《まど》ぎわのトットちゃん』に勇気をもらった人たちにたくさん出会いました。みんな、学校では問題児だったり、うまくやれなかったりしたという人たちです。

子どものときに、友だちができなかったり、ほうりこまれた場所になじめなかったりしても、この社会のどこかには、だれにでもかならず居場所《いばしょ》があるのだということは、大人になったいまだからこそ心から信じることができます。

# アメリカへのあこがれ

## 世界は変えられる?

すっかりふてくされた気分で生きていたわたしですが、中学生になったころ「洋楽」とよばれる海外の音楽に出会って、心をわしづかみにされました。

当時、アフリカ、とくにエチオピアでの飢《き》餓《が》が大きな問題になっていて、それを世界にひろく知らせるために、アメリカのミュージシャンたちがあつまって「ウィ・アー・ザ・ワールド」という曲を作りました。それを録音するようすのビデオを、友だちがかしてくれたのです。

世界のどこかで飢《う》えている人たちがどんどん命をおとしている——それを解決《かいけつ》するために、ミュージシャンたちがあつまって、自分の才能を提供《ていきょう》することでお金をあつめようとしている、その光景に、わたしはたいそう感動しました。

いまでも耳にすることがあるこの曲は、アフリカの飢餓《きが》を世界に知らせるのに役立っただけでなく、レコードの売り上げやテレビの放映料《ほうえいりょう》、寄付《きふ》などで信じられないほどのお金があつまりました。このビデオと出会ったことが「たくさんの人をうごかせば、想像《そうぞう》もつかないような大きなことをなしとげることができる」と理解《りかい》したきっかけになったと思います。いまもこの曲が再生されるたびに、アフリカを支援《しえん》する基金《ききん》にお金が入るしくみになっているそうです。

借りたビデオには、肌《はだ》の色がちがう人たちが、それぞれまったくちがうスタイルでおなじ歌をうたう光景がうつしだされていました。おなじフレーズでも、歌う人によってぜんぜんちがうものに聞こえるのに、みんなで合唱するときには

わたしが持っている
ウィ・アー・ザ・ワールドのDVD《ディーブイディー》

We Are The World
販売元：ハピネット・メディアマーケティング
©1985 United Support of Artists For Africa

美しいハーモニーになるのです。若者《わかもの》もいれば、おじさんもいて、とくにシンディ・ローパーやダイアナ・ロスといった個性あふれる女性たちがとてものびのびと、自由なようすでふるまっていることにも目をうばわれました。

わたしの生きていた世界では、みんながおなじ制服《せいふく》を着て、おなじように行動することがよしとされていたのに、そうでない世界がアメリカにはあるのだ、と知ったのです。

わたしはそのビデオにすっかり夢中《むちゅう》になり、なんどもなんどもくりかえし見ました。登場する人たちの名前をおぼえ、本屋で洋楽のことが書かれている雑誌《ざっし》を読んだり、レコード屋さんの洋楽コーナーで時間をすごすようになりました。当時はインターネットというものがなかったので、情報《じょうほう》を得る場所は、本屋さんやレコード屋さんだったのです。また、年上のきょうだいがいる友だちは、わたしよりも情報《じょうほう》が早く、知らないミュージシャンの名前を教えてくれたり、カセットテープをかしてくれることもありました。

雑誌《ざっし》や友だちから新しいミュージシャンやアルバムの名前を知ると、お店に行ってかたっぱしから聞き、好きなCD《シーディー》をレンタルする、ということをくりかえすうちに、だんだん英語という言語が身近な存在《そんざい》になっていきました。

## アメリカへのあこがれ

わたしはどんどんアメリカへのあこがれをつのらせていきました。洋楽が好きな人を見つけると、何を聞いているのか、どう情報をあつめているのか、答えあわせをしました。

## アメリカへのあこがれ

いろんな音楽を聞くうちに、自分がかっこいいと思うものは、だいたい社会や政治《せいじ》への反抗《はんこう》から出てきたものだ、ということがすこしずつわかってきました。パンクやロック、レゲエといった音楽が表現《ひょうげん》するものは、怒《いか》りでした。大人たちや、社会やルールに対しておこっているのです。

洋楽の歌詞《かし》をおうことは、歴史《れきし》の勉強にもなりました。ただ起きたことが淡々《たんたん》と書いてある教科書よりもずっと、刺激的《しげきてき》でおもしろい勉強方法でした。わたしは音楽を入り口にして、イギリスやフランスやアメリカなどの強国が、中南米やアフリカの国々、国内のマイノリティの人たちを支配《しはい》し、抑圧《よくあつ》してきた歴史を知っていきました。人類の歴史をさかのぼると、たくさんのおそろしいことがありましたが、そこにはかならず、闘《たたか》った人たちの物語もありました。

歴史上には、たくさんの革命《かくめい》がありましたが、音楽の世界には、ふまじめに見える革命や抵抗運動《ていこううんどう》もありました。ビースティ・ボーイズというニューヨークの3人組が、「遊ぶ権利《けんり》のために闘わなければならない」とラップしているのを聞いてしびれ、アメリカでは遊ぶことすら権利《けんり》なのか！　と感動しました。

このころは、とにかくいろんなメディアにかたっぱしから手を出して、いろんなものにふれました。音楽に夢中《むちゅう》になったあとも、本屋さんや図書館にはかよいつづけ、本のなかに、自分が知らない音楽や映画の話を見つけるたびに、わくわくしました。また、音楽や映画には、歴史《れきし》の本に出てくるストーリーが、さらにリアルに描《えが》かれていたり、物語の背景《はいけい》としてあったりしました。友だちにアメリカが舞台《ぶたい》になったマンガを教えてもらい、海外を舞台にしたストーリーを描くことのできるマンガ家さんにあこがれたりもしました。

いちばん自分の関心をひいたのは、アメリカの、それも「人々」がすこしずつ権利を獲得《かくとく》する物語でした。わたしが手にとる本やマンガの内容は、どんどんアメリカにむかっていって、アメリカに行ってみたいなあと思うようになりました。

中学生の自分があこがれていたのは、アメリカの何だったのでしょう？　マンガや本、映画や音楽で知った、その広大な風景、自由なファッションや表現《ひょうげん》、抵《てい》抗運動《こううんどう》の歴史、そしてなにより「平等」の理想でした。自分の小さな世界をぬけだし、その先の世界がどれだけひろいのか、この目で見てみたい、という衝動《しょうどう》もありました。

## 自分が何になりたいのかわからない

小学校の卒業文集に、大人になったら何になりたいかを書くところがありました。そこにわたしは「弁護士《べんごし》になって弱い人をたすけたい」と書いていました。問題児のわりには、なかなかだいたんな考えを持っていたものだと感心します。

そう思った理由は、親せきのおじさんに、弁護士の仕事をしている人がいたからです。そのおじさんは、まわりの人にとにかく「なんで?」といつも質問《しつもん》するので、「なんでのおじさん」とよばれていました。いろいろなことに「なんで?」

と疑問《ぎもん》を持つ人だから、弁護士《べんごし》になれたのだと思っていました。わたしもよくお母さんやお父さんに「なんで?」と質問《しつもん》をして「きょうの質問はもうおわり」といわれたりしていたので、疑問や質問が多い自分も弁護士になれるかな? と思ったのです。

わたしの小さな野望は、弁護士になるためには暗記しなければならないという六法全書《ろっぽうぜんしょ》という大きな本を見たときに、みじめにうちくだかれました。暗記という作業が苦手な自分のことをよくわかっていたのです。

みなさんは「ロールモデル」という言葉を知っていますか? 「ロール」とは役割《やくわり》という意味で、自分の目標になるような人のことです。ふりかえってみると、わたしの世界には、自分がめざしたいと思うような女の人の「ロールモデル」があまりいませんでした。

自分から見える世界の「家族」というものは、だいたいお父さんがはたらいていて、お母さんは家で家事や子そだてをしている、というものでした。ときどき、だれかの家で大事件が起きました。お父さんが浮気《うわき》をしていた、投資《とうし》に失敗して借金をかかえたなど、事件が起きるたびに、大人たちの声に耳をすませました。離婚《りこん》したいと思っても、お金をかせぐ手段がないからできない、という女の人がすくなくありませんでした。

わたしのお母さんは、大学を卒業してすぐに結婚し、つぎの年にわたしを産み、3年後には妹を産んで、家事と育児をしていました。ところが、わたしが中学生のときに、「建築士《けんちくし》の資格《しかく》をとってはたらく！」と宣言《せんげん》して、猛烈《もうれつ》に勉強しはじめたのです。努力がみのって、無事に資格をとったお母さんは、外で仕事をはじめました。むすめから見ても、仕事をしているお母さんは、それまでとは別人のように生き生きとしていました。そんなお母さんを見て、はたらく女の人はかっこいいなあ、自分もはたらく人生を送ろう、ぜったいに経済的《けいざいてき》に自立して、だれかに依存《いぞん》しない人生を送るのだ、と思っていました。いまふりかえると、お母さんがわたしの「ロールモデル」になっていたのかもしれません。

洋楽にあこがれ、アメリカやイギリスのかっこいい女性のミュージシャンたちのすがたにあこがれて、いくつか楽器をためしてみたり、バンドをやったりもしましたが、自分に音楽の才能《さいのう》があるようには思えませんでした。

ちなみに、「仕事になるほど上手にはなれない」という理由で楽器をやめてしまったのは、あさはかだったなと思います。どうやってお金を作り、生きていくのかということばかりに頭がいって、「楽しいから」「好きだから」といったことも、何かをしはじめたり、つづけたりするりっぱな理由になる、ということに気がつかなかったのです。

中学生のころ、紙の工場ではたらく親せきのおじさんがあまった紙をどっさりくれて、手作りの本を作るようになりました。好きなアメリカのミュージシャンの似顔絵《にがおえ》を描《か》いたり、聞いた音楽の感想を書いたりしていました。

どんどん学校の授業《じゅぎょう》がつまらなくなってしまい、夜はおそくまで本を読んだり、考えていることを文章にしたりしていましたが、そのおかげで、遅刻《ちこく》がふえ、授業中によくいねむりをして、先生たちにおこられていました。ふりかえると、そのころ好きでやっていたことが、自分のライターとしてのスキルの土台を作ってくれたような気がします。でも、そのころは、自分が好きなことが仕事になる、ということがわかっていませんでした。

## 受験↓合格

学校というものにすっかり失望していたわたしですが、かといって「これになりたい」「こんな仕事をしたい」という強い意志《いし》もなかったので、高校を卒業したあと何を勉強するかは、消去法で決めました。

学問のなかで、自分が唯一興味《ゆいいつきょうみ》があったのが、政治《せいじ》とジャーナリズムでした。ジャーナリズムは新聞やテレビ、インターネットやラジオなどで、世のなかに起こっていることを伝えたり、分析《ぶんせき》したりすることです。子どものころよりかたっぱしから読んでいた本、そして音楽と映画のおかげで、新聞の政治欄《せいじらん》や国際欄《こくさいらん》を読み、それについて考えることが、自然なことになっていました。いちばんその内容を想像《そうぞう》できて、いちばん苦痛《くつう》ではなさそうという消極的《しょうきょくてき》な理由で、わたしは政治学科やジャーナリズムの研究会のある大学を受けることに決めました。

受験に必要な科目は、国語または論文《ろんぶん》、英語、世界史《せかいし》でした。音楽や映画のおかげで、英語はいつのまにかとくいになっていました。暗記が苦手だったので、世界史には苦労しましたが、本や映画や音楽からひろったバラバラの知識《ちしき》に肉づけをするようにうめていきました。「口から生まれてきた」といわれるほど議論《ぎろん》はとくいだったので、論文もとくいでした。

問題は、高校の成績《せいせき》や内申点《ないしんてん》です。ラッキーなことに、受けた大学には面接《めんせつ》がありました。面接で成績と内申点の悪さについて説明して、自分が問題児だったことを正直に話したところ、無事に合格し、大学にいれてもらえることになりました。

高校に報告《ほうこく》に行くと、先生たちはずいぶん不満のようでした。自分たちの授業《じゅぎょう》でずっとねていた生徒が、希望する大学に合格したのですから、腹《はら》がたつ気持ちもいまならわかります。

「世のなか、かんたんにわたっていけると思ったら大まちがい」

そんなきびしい言葉を背中《せなか》に受けつつ、わたしは大学に進学しました。大学で政治学を勉強することになったのです。

## 大学に入ると、ヒエラルキーがあった話

自分が何になりたいのかわからないまま進学した大学は、想像《そうぞう》していたよりもずっとうかれた場所でした。受験生がとても多い世代できびしい競争《きょうそう》を勝ちぬい

て、ようやく遊べる状況《じょうきょう》になったのです。遊んでしまうのも、しかたないのかもしれません。

でも、テニスやスキーのサークルにさそわれたわたしは、「みんなは、そんなことをしたくて、あんなに勉強したのか」とがっかりしてしまいました。広告や新聞の研究会もありましたが、実《み》のある活動にたどりつくまえに、飲み会に参加したり、知らない人たちと交流しなければならないという関門があるように感じて、参加する気持ちになれませんでした。

それまでいたきゅうくつな場所をとびだして、制服《せいふく》やルールから解放《かいほう》されるのだと希望に満ちていたわたしが進学したのは、「天は人の上に人をつくらず、人の下に人をつくらず」といった福沢諭吉《ふくざわゆきち》が作った大学でした。

女性というジェンダーの人しかいなかったそれまでの学校にくらべたら、いろいろな場所からやってきた人がいるぶん、それなりに多様ではあったけれど、やっぱりそこには、上下関係のようなものが存在《そんざい》していました。

大学のキャンパスを見わたして、人の社会的価値《しゃかいてきかち》を決めるのは、成績《せいせき》や頭脳《ずのう》だけではなく、生《お》い立《た》ちや出身校、外見なのだと思ってしまい、さめた気持ちにもなりました。また、大学のピラミッドには、「英語が話せる」という新しいキャラが登場しました。海外に住んだ経験《けいけん》がある、またはインターナショナルスクールでそだったというネイティブ英語のスピーカーたちがわんさかいるのです。自分では英語がとくいだと思っていたのに、急に自分はスタート地点からおくれているのだと、出鼻《でばな》をくじかれたような気持ちになりました。

## 事件を目撃《もくげき》、おちこむ日々、病気

せっかくはじまった大学生活にのりきれないまま、入学から1か月ちょっとがたったある日、事件が起きました。同級生が学校の屋上《おくじょう》からとびおりるのを目撃《もくげき》してしまったのです。目をそらすまもないできごとでした。

その事件は、わたしにとっては、それまで見えていた風景ががらっと変わってしまうほどの大きなことでした。自分とおなじように勉強して、ここまでやってきたおない年の学生が、自分からこの世を去ってしまった——あの人も、わたしとおなじように大学にがっかりしたのだろうか？

それがきっかけで、わたしはしばらくずいぶんおちこんだ日々をすごしました。夜はねむることができず、しょうがないから本を読んだり、ゲームをしたりし、その結果、朝起きることができなくて、学校をお休みする日がふえました。なんせベッドから起きあがるだけでもとにかくキツいのです。どのくらいの期間だったでしょうか、そういった日々がつづきました。

このころは悪いことばかり考えていた気がします。この先、どうやって生きていけばいいのだろう、やりたいことのない人間にはキツい世のなかだな、などと

## アメリカへのあこがれ

考えていました。アメリカに行きたいという、いちど持ったはずの「目標」も、現実にする道がまったく見えず、遠い夢《ゆめ》でした。

方向感覚がないような気持ちで生きていたこのとき、わたしは病気になりました。わたしが食べる量がすくないことに気づいたお母さんにいわれて病院で血《けつ》液検査《えきけんさ》をすると、ウイルスのせいで肝機能《かんきのう》が低下していることがわかったのです。「もうすこしおそかったら、命があぶなかったかもしれませんよ」といわれてビックリしました。ふつうにうごいていた体のどこかで、内臓《ないぞう》が機能することをやめていたなんて！

ほんとうなら入院になるところが、あいにく病院のベッドが空いていなかったので、自宅で10日間お休みすることになりました。テレビを見るのも、本を読むのも、歩きまわるのもダメ、ただひたすらねていなさいときびしくいわれました。どこも痛《いた》くなくても体はお休みを必要としていたのでしょう。最初の何日かは朝から晩《ばん》までねていました。3、4日たって、体がなおりはじめて眠気《ねむけ》がなくなると、あとはひまな時間だけがのこっていました。

ただ天井《てんじょう》を見つめるだけのスローな時間に、世界がいそがしくうごいているのに、何もできずにいる自分のことを考えました。そして病気になるまえは、健康な体を持ちながら、これといって何もしなかった自分のことを。

わたしは何のために生まれてきたのか、どうやって生きていくことができるのか。答えは見えないけれど、このままダラダラと生きていてはいけない。すくなくともそれがわかりました。ちょうどおなじ時期に、同級生の男の子が亡《な》くなりました。テストがおわったあとの運動部の飲み会で、たくさんのお酒を飲み、急《きゅう》性《せい》アルコール中毒《ちゅうどく》になったのだろうといわれていました。

なぜ彼《かれ》が死に、自分は死ななかったのだろう？　と考えました。つい先日、おなじようにテストを受けていた人の命が、自分が体をこわしたのとおなじタイミングでおわってしまったことは、わたしにショックをあたえました。いっしょうけんめいスポーツをしていた子が死んでしまい、ダラダラと生きていた自分が回《かい》復《ふく》して生きているのです。

　こういう体験をへて、わたしはもういちど自分が熱意を持ってやれることをさがしにいこう、そう決めました。

## はじめてのアメリカ

　新しい気持ちでのぞもう、そういう思いでふたたび大学に行った新学期の初日、運命的なことがありました。いつもは使わない校舎のトイレの横の掲示板《けいじばん》に「スタンフォード大学短期留学《りゅうがく》　希望者募集《ぼしゅう》」のお知らせがはってあったのです。

「これだ！」と思い、さっそく応募《おうぼ》しました。

　自分がずっと持っていた「アメリカに行って、自分の目でたしかめたい」とい

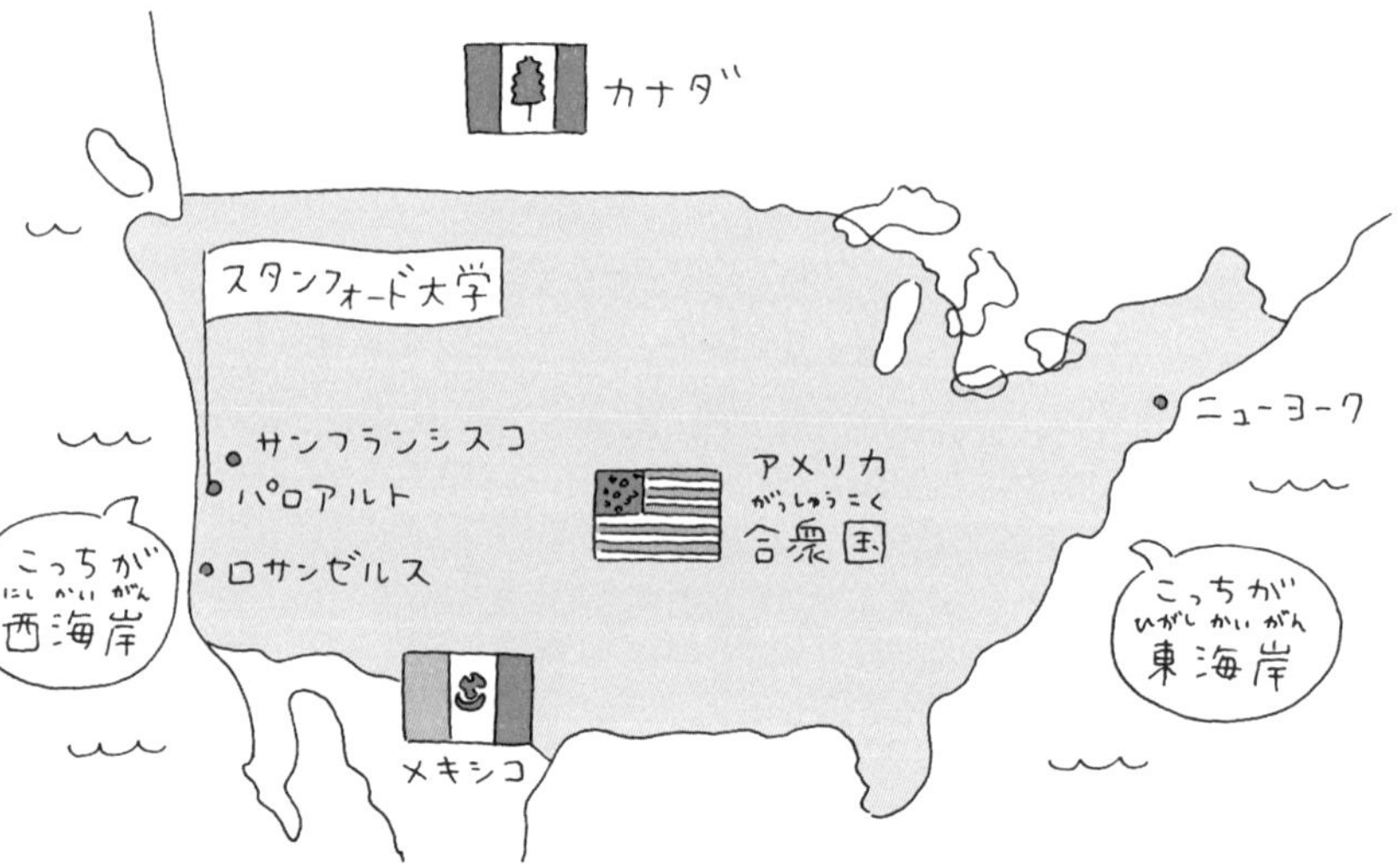


アメリカ西海岸にあるスタンフォード大学

う気持ちを伝え、まえの年にほとんど学校に行けず成績《せいせき》が悪かったことも正直に話したところ、無事に行けることになりました。

　スタンフォード大学は、カリフォルニア州北部の都市サンフランシスコから、車でおよそ45分くらいの距離《きょり》のところにありました。高いヤシの木がならぶ入り口を入ると、車でなければ移動《いどう》できないほどの広大なキャンパスがひろがっていて、まずはそのサイズにどぎもをぬかれました。

　もうひとつおどろいたのは、キャンパスを行きかう人たちの多様さです。ひとことにアジア系《けい》アメリカ人といっても、中国系や韓国《かんこく》

## アメリカへのあこがれ

系だけでなく、フィリピン系やインド系の人がいて、親の世代が移民《いみん》してきた人もいれば、ほかの国から養子としてもらわれてきた人もいました。

おなじ白人でも、どこ出身かによってずいぶんちがう英語を話すことも、新鮮《しんせん》な発見でした。マンガや映画から想像《そうぞう》していた風景と、目に入ってくる現実《げんじつ》の世界は、ちがうようでもあり、話してくれるストーリーは、それまで頭のなかにだけ存在《そんざい》していた世界の延長線上《えんちょうせんじょう》にあるようでもありました。

午前中は英語の授業《じゅぎょう》を受け、午後にはさまざまな課外プログラムが用意されていました。路上で生活する人たちに食事を提供《ていきょう》する「スープキッチン」では、食べものをお皿にもりつけるボランティア活動をしました。そこでは、「ホームレス」とよばれる人たちが家をなくす原因には、家賃《やちん》を払《はら》えないからだけではなく、家族に虐待《ぎゃくたい》されたり、精神的《せいしんてき》な病気になったりしたからなどがあると知りました。

軍の基地《きち》をたずね広報官《こうほうかん》の人にツアーをしてもらい、政府《せいふ》を代表する人はこういう英語を話すのか、と観察しました。はたらくお母さんたちとの座談会《ざだんかい》では、子どもをそだてながら、毎日仕事に出かけることのむずかしさについて聞きました。人種差別のワークショップでは、黒人の人たちから、仕事をさがしたり、家を借りたりするときにもほかの人種の人とおなじようにあつかわれないことがあり、だからこそマイノリティを積極的《せっきょくてき》にやとったり、むかえいれたりする「アファーマティブ・アクション」が必要なのだ、と説明してもらいました。護身術《ごしんじゅつ》のワークショップに参加して、暴力《ぼうりょく》をふるわれたらどうするかを教えてもらったり、国立公園にハイキングに行ったりすることもありました。こうしたことは、わたしにとっては、ぜんぶ生まれてはじめての体験でした。

とくに印象《いんしょう》にのこっているのは、サンフランシスコの教会をたずねたことです。いまのアメリカでは、おなじ性別《せいべつ》のカップルも結婚《けっこん》することができるし、カトリック教会もそれを祝福しているのですが、当時はいまよりずっと、おなじジェンダーの人が愛しあうことに対する偏見《へんけん》がありました。

その教会には、キリスト教や神様の存在《そんざい》を信じていても、同性愛者であることを理由に家族との縁《えん》が切れてしまったり、故郷《こきょう》の教会からおいだされたりした人たちがあつまっていました。女性のカップルが涙《なみだ》ながらにしてくれた話を聞いて、おなじ性の人を好きになるのがそこまで悪いことのようにあつかわれているのにびっくりしましたが、それまでいた場所からはじきだされた人たちがあつまることができる「コミュニティ」が存在《そんざい》することに、心づよくも思いました。

## アメリカの多様なすがたを教えてもらう

わたしたちの留学《りゅうがく》プログラムには、ホストというお世話係の学生たちがいました。フィリピン系《けい》、韓国《かんこく》系、台湾《たいわん》系、インド系、白人と多彩《たさい》な顔ぶれのホストたちが、課外プログラムにつれていってくれるのです。

なかよくなったホストのひとりに、クリスという人がいました。韓国から養子にもらわれてアメリカにやってきたというクリスは、子ども時代をくらしたオレゴンのことや、白人の家庭でそだった体験について教えてくれました。アメリカを出たことがないのにもかかわらず、独学《どくがく》で韓国語《かんこくご》、日本語、ロシア語を話せる人でした。運動もとくいで、課外活動にも熱心。こういう人が、アメリカの名門大学の学生なのだ！　と感心したものでした。

あるとき、クリスをかこんで話しているときに、日本の学生のひとりが宗教《しゅうきょう》について の質問《しつもん》をしました。「どんな宗教を信じている人がいるかわからないから、宗教の話はしてはいけない」と教えられていたわたしは、ちょっとドキっとしました。アメリカ人がどう宗教について考えているかについて、クリスがていねいに話しおわるのをまって、こう聞いてみました。

「宗教の話がタブーな場合もありますか？」

「だいたいのアメリカ人は、どんな人とも、政治《せいじ》の話も、宗教の話もするよ。会話にタブーはないんだ」

この答えは、大人に答えづらい質問をしては、こまった顔をされることになれていたわたしの心をおどらせました。政治や宗教の話をカジュアルにできるなんて、最高です。この答えに背中《せなか》をおされるように、わたしは、いろんな人にアメリカの社会のことについて質問をするようになりました。たくさんの本を読んだり、映画を見たりして、アメリカのことをたくさん学んだつもりでいても、返ってくる答えにはいつも聞いたことのないストーリーがあって、人の話を聞くことの魅力《みりょく》にとりつかれました。

## アメリカ政治を勉強すると決めた

たくさんの「生まれてはじめて」を体験させてくれたスタンフォード大学から日本にもどり、わたしはふたたびアメリカに行くための方法を考えはじめました。

すこしでもアメリカに近づくために、3年生に進学するときに、アメリカの政治《せいじ》をテーマに研究しているゼミを希望することにしました。

「ゼミ」とは、ゼミナールという言葉を略《りゃく》したもので、研究室のこと。わたしがかよっていた学校のゼミでは、ひとりの先生のもとで、2年かけてひとつの勉強をすることになっていました。

アメリカ政治を研究する久保文明《くぼふみあき》先生のゼミは、課題が多くきびしいといわれていましたが、アメリカのことをもっと知りたい自分には苦になりませんでした。それどころか、わたしはこのゼミに入ったことで、自分が興味《きょうみ》のあるテーマを決め、調べものをして、自分の論《ろん》をくみたてて、それについて書くことのおもしろさに出会いました。

はじめてのゼミのあつまりで、久保先生に「なぜ先生になったのですか？」と聞いてみました。先生の答えは「ぼくは自由人になりたかったんです」というものでした。「通勤定期《つうきんていき》を持ってこみこみの電車にのるのではなく、すいた時間の

## アメリカへのあこがれ

電車にのるのが自由人なんですよ」

「わたしも自由人になりたい!」と思いました。学校という場所でうまくやれなかった経験《けいけん》や、小さいころからこみこみの電車にのって学校にかよい、それがしんどかったことから、自分は会社員にはなれないのではないかと、うすうす感じていたのです。いまからいっしょうけんめい勉強すれば、わたしも先生みたいに研究する仕事をして、自由人になれるかも! そう思いました。

日本の大学はアメリカの大学にくらべてずっとあまいんです、という考えの先生は、つぎからつぎへと、たくさんの資料《しりょう》を読む課題をわたしたちにあたえました。

アメリカの政治が日本の政治といちばん大きくちがうのは、共和党《きょうわとう》と民主党《みんしゅとう》というふたつの大きな政党《せいとう》があって、どちらが選挙に勝つかによって、政府《せいふ》の方針《ほうしん》が大きく変わることです。政府がつかうお金は小さいほうがよいと考える共和党側と、福祉《ふくし》のサービスを拡大《かくだい》するべきだと信じる民主党側にわかれて、貿易《ぼうえき》や医《い》療《りょう》、外交といったテーマについて、ディベートをやったりもしました。

このゼミでの勉強をとおして、社会や政治《せいじ》というものへの興味《きょうみ》はますます大きくなり、自分は政治に参加したいのだ、という気持ちが頭をもたげてきました。

久保《くぼ》先生は、小学校時代の唯一《ゆいいつ》の理解者《りかいしゃ》だったみねしま先生のつぎに、わたしの人生に登場した、わたしを問題児あつかいしない先生でした。先生にアメリカに行きたいのだと相談すると、ふつうに大学の学部に留学《りゅうがく》するよりも、大学院にすすむのもよいのではと、すすめてくれました。

アメリカに住んだこともなく、帰国子女でもなく、英語を自由にあやつれもしない自分が、大学院なんかに行けるでしょうか？　最初は、「そんなこと無理に決まってる！」と思ってしまったのですが、先生が、それが可能《かのう》だと背中《せなか》をおしてくれたことで、「だめもとでやってみるか」という気持ちになりました。それがきっかけで、それまで先生たちにおこられてばかりいたわたしが、生まれてはじめて「自信」のようなもののかけらを持つことができたと思うのです。

## 大学院で夢《ゆめ》やぶれる

先生に背中をおされて、大学院に出願してみることにしました。アメリカの大学に入学できるかどうかは、全米だけでなく海外でも受けられる共通のテスト、それまでにかよった学校の成績《せいせき》、エッセイ、そして推薦状《すいせんじょう》をもとに判断《はんだん》されます。

好きなことならいっしょうけんめいできるけれど、苦手なことにはやる気が出せなかったわたしの成績は、全体的にみると、けっしてよいとはいえませんでした。でも、「なぜそのプログラムに入りたいか」を書くエッセイが重視《じゅうし》されると知り、アメリカ政府《せいふ》の東アジア（日本や韓国《かんこく》、中国）に対する外交について研究をしたい理由と、それをつかって国際交流《こくさいこうりゅう》や外交の役にたちたいのだということを書きました。

ぜったいに入ることはできないと思っていた東海岸の難関校《なんかんこう》の、国際関係論《こくさいかんけいろん》を専門《せんもん》にするプログラムから、「条件《じょうけん》つきで入学を許可《きょか》します」という手紙がとどいたときには、あまりのおどろきに腰《こし》がぬけるかと思いました。

その条件は、「来るまえに経済学《けいざいがく》の授業《じゅぎょう》を受けてくる」ということでした。国際《こくさい》関係《かんけい》を論じるためには、政治《せいじ》だけでなく、経済も知らなければいけない、という考えのプログラムだったのです。その手紙がついたときには、わたしはすでに大学を卒業していたのですが、経済学の教授のゆるしをもらい、追加で授業を受けました。そして、大学を卒業した年の秋、わたしはアメリカに行きました。

大学院に行けば、好きな勉強をつづけられる。あわよくばゆくゆくは博士《はかせ》になったりして、などとあまい夢《ゆめ》をいだいていましたが、実際《じっさい》の大学院は、想像《そうぞう》以上にきびしい場所でした。

大学を出てからも研究をつづけようと世界中からやってくる学生たちの頭のよさに圧倒《あっとう》されました。紛争《ふんそう》地域《ちいき》の暴力《ぼうりょく》からのがれ、難民《なんみん》としてアメリカにやって

## アメリカへのあこがれ

きた人、民主的でない国の政府《せいふ》によって派遣《はけん》されてきている人もいました。博士《はくし》号《ごう》をとるために、長いプログラムに参加し、論文を書いている人たちの頭のよさは、ずばぬけていました。カフェテリアで会話をかわすだけで、ものごとを見る視点《してん》がちがうのがわかります。これまで机《つくえ》の上で学んできた世界の情勢《じょうせい》が、急にリアルなものになったような感覚がありました。

いくつもの言語をあやつる優秀《ゆうしゅう》な人たちにかこまれて、ずいぶん平和だった日本でそだち、ただひたすら本を読んだり、音楽を聞いたりしてきただけの人生を送ってきた自分が、何のとりえもないダメ人間に思えました。

研究して博士号をとる、ということは、まだ発見されていない考えを見つける、ということです。日本の同級生たちが世のなかに出てお金をかせぎはじめているときに、発見できるかわからない新しい考えかたや視点をさがす。本を読みまくったり、考えまくったりしたけれど、自分に博士号をとるほどの実力があるのか、わからなくなっていきました。

大学院には、精神的《せいしんてき》においこまれてしまったり、自信をうしなったりする人もいました。自分がやろうと思ったことのむずかしさ、自分のあさはかさに打ちひしがれ、なんとか学業をこなしながらも、暗い気持ちですごすこともありました。

短期留学《たんきりゅうがく》したスタンフォード大学のキャンパスとのいちばんのちがいは、白人の学生が圧倒的《あっとうてき》に多く、アジア人やそのほかの人種マイノリティが目に見えてすくない、ということでした。自分の外見が圧倒的に少数派《しょうすうは》である、という状況《じょうきょう》は、生まれてはじめて経験《けいけん》したもので、ちぢこまりそうな気持ちになることもしょっちゅうでした。でも、寮《りょう》でいっしょになったアート系《けい》の学生や留学生、数すくないアジア系の学生や、日本と縁《えん》がある人たちとすこしずつなかよくなって、ちぢこまるような気持ちはすこしずつほどけていきました。同時に、目に入ってくる風景から、たくさんの人種の人たちがくらす、自分があこがれたアメリカという国のきびしさ、残酷《ざんこく》さについて考えることもふえました。

カリフォルニアで知りあった友だちのなかには、わたしがその学校に行くこ

## アメリカへのあこがれ

とを心配してくれた人もいました。その街は、治安《ちあん》が悪いことで知られていて、キャンパス自体が大きな街になっているようなカリフォルニアの大学とはずいぶん雰囲気《ふんいき》がちがうというのです。たしかに行ってみると、街には、路上で生活する人たちがたくさんいて、いつも警察《けいさつ》からおいたてられたりしていました。また、その街にくらす人たちは、学校の生徒たちのことをあまりよく思っていないようでした。

街の歴史《れきし》をひもといてみると、その街は、アメリカがまだ国でなかった時代から貿易《ぼうえき》のかなめとしてさかえた港町で、アフリカから「奴隷船《どれいせん》」が到着《とうちゃく》した場所のひとつでもありました。

アフリカからむりやりつれてこられた黒人の奴隷の人たちは、19世紀に起きた南北戦争《なんぼくせんそう》をへて解放《かいほう》され、自由になったということになっていました。でも、20世紀のおわりになっても、大学やいくつかの企業《きぎょう》しかないこの街では、多くの人がまずしい状況にずっととじこめられているように見えました。大学のそうじをしたり、カフェテリアではたらいていたりする人の多くは、黒人の人たちでしたが、一方で、黒人の学生はとてもすくなく、アメリカの社会のしくみのなかに、人種差別はまだねづよく生きているのだと感じました。

がんばった結果入れた大学院が、自分には歯が立たない場所だったとおちこみ、またあこがれたアメリカの現実《げんじつ》にふれて暗い気持ちになっていたわたしのにげ場になったのが、文章を書く、ということでした。

日本をはなれるまえに、留学生活《りゅうがくせいかつ》についてエッセイを書くという仕事をたのまれていました。暗かった大学生活をおもしろおかしく書いたエッセイを、母の知りあいだった出版社《しゅっぱんしゃ》の人に見てもらったところ、すぐによばれて、ウェブサイトで連載《れんさい》してくれないか、ともちかけられました。

当時はインターネットが登場したばかり。イギリスの大学院に留学する人のコラムがちょうどはじまることになっていて、いっしょに掲載《けいさい》したいという、わたしにとっては願ってもない話でした。

自分が2年間をすごす場所で、まわりで起きていることを見てコラムを書く。やってみたらそれは、自分がそれまでにやったことのなかでもいちばんくらいに楽しいことでした。ファックスで原稿《げんこう》を送ると、それがオンライン上に掲載され、みんなに見てもらえて、そのうえお金ももらえるのです。自分の心のなかに生まれたワクワクする気持ちに、わたしはやっと、自分が目にすることを文章で伝えるということを仕事にしたい、と気づいたのです。

コラム

# インターン

アメリカの大学院に入って数か月もすると、まわりの友だちが、つぎの年の夏の計画をたてはじめました。アメリカの大学の夏休みは6月から9月と長いので、多くの学生が経験《けいけん》をつむために、長い旅行にでかけたり、インターンをしたりするのです。インターンとは、職業訓練生《しょくぎょうくんれんせい》のこと。会社に受けいれてもらって、研修《けんしゅう》もかねてはたらくのです。

大学院の1年目をおえたあとの夏休みに、わたしは東京に帰って、イギリスの公共放送、BBC《ビービーシー》の東京支局《とうきょうしきょく》でインターンをしました。

その当時、支局長をつとめていたのは、ラジオの記者をへて特派員《とくはいん》（外国で報道《ほうどう》をする記者）になったジュリエット・ヒンデルさんというイギリス人の女性でした。日本に留学《りゅうがく》した経験《けいけん》もあり、日本語を話す特派員でした。ネイティブではない言語で取材をするジュリエットさんから、わたしはたくさんのことを教えてもらいました。

インターンの仕事は、取材のまえに調査《ちょうさ》をするリサーチや、取材の録音を文字データにするテープ起こし。リサーチは、ジュリエットさんがおいかけているテーマについて、基本的《きほんてき》な情報《じょうほう》をあつめるために、いろんなところに電話をかけて、専門的《せんもんてき》なことを教えてくれる人や、テレビに出て話をしてくれる人をさがすのです。「BBC東京支局の佐久間《さくま》と申しますが」と電話をかけて、情報をあつめる仕事は楽しく、やりがいがありました。

あるとき、自分のプロジェクトをやってみる？ と、ジュリエットさんがひとつのプロジェクトをまかせてくれました。テーマは、富士山《ふじさん》のごみ問題で

## コラム

す。富士山に登る人たちが、頂上《ちょうじょう》にごみをおいてきてしまうため、ごみがたまり、「聖《せい》なる山」として愛されているはずの富士山《ふじさん》の頂上からひどいにおいがするということが問題になっていました。

そのストーリーを映像《えいぞう》で語るために、まず、富士山を担当《たんとう》する役所の人に話を聞きました。あとは、富士山に登って現場を確認《かくにん》しなければいけません。当時のわたしは、ほとんど運動もせず、毎日コーヒーをがぶ飲みするような生活を送っていたので、日本でいちばん高い山にはたして登れるのか、不安はありましたが、やってみようと決めました。

山にごみがのこされていることを問題に感じ、ごみをひろいながら山に登る、という活動をしていた登山家の方が、わたしたちといっしょに山に登ってくれることになりました。なんとそれは、女性として世界ではじめてエベレストに登頂《とうちょう》した田部井淳子《たべいじゅんこ》さんでした。

登山の世界の歴史《れきし》をまったく知らなかったわたしは、田部井さんがどれだけすごい人なのか、ぜんぜんわかっていませんでした。自分よりも30歳《さい》以上年上の田部井さんと、さらに年上の山登り仲間の女性《じょせい》が、ゴミをひろうためにかがみながら、かるがると山を登っていくのには、おどろきました。腰《こし》をまげながら斜面《しゃめん》を登るのはキツいはずなのですが、田部井さんは文句《もんく》ひとついわず、ほがらかに、楽しそうに登っていくのです。

一方、20代前半のわたしは息もたえだえ。そんなわたしに、田部井さんたちは、「がんばれ〜」「なさけないぞ〜」と声をかけたり、ときには歌をうたったりしてはげましてくれるのです。ふたりのはげましによって、わたしは生まれてはじめての富士山登山を最後までやりとげることができました。

その日の夜は、山頂《さんちょう》手前の山小屋で1泊《ぱく》。宿で出たかんたんなスープのごはんを食べたあと、わたしは先輩《せんぱい》の女性たちが、つぎに登る山についておしゃべりするのを聞きながら、あっというまにねむりにおちてしまいました。その夜の睡眠《すいみん》は、わたしの人生のベスト5に入るくらい気持ちがよいものでしたが、

## コラム

田部井《たべい》さんにもっと人生の話を聞けばよかったなあと、いまになって後悔《こうかい》しています。

そしてつぎの日。太陽がのぼるまえに山小屋を出て、日の出直後の山頂《さんちょう》のようすを撮影《さつえい》することになりました。おなじように頂上から太陽を見ようという人たちの列につらなり、頂上にむかうとちゅうの斜面《しゃめん》で見た日の出は想像《そうぞう》していたよりずっと大きく、キラキラと光っていました。

けれど、その感動の瞬間《しゅんかん》にすら、ぷーんとただよってくる、生ごみと人間の糞尿《ふんにょう》がおりなす強烈《きょうれつ》なにおい。そばには人間たちがおいていったごみが手がつけられない山となってつみあがっています。地上から山のてっぺんまで登ってきた人たちが、わざわざゴミを頂上において帰ってしまうのです。

ちなみに、あれから30年近くがたったいまも、富士山のゴミ問題は解決《かいけつ》していません。あいかわらず人間たちは、山に登りながら、ゴミをすてています。

富士山に登ったときのわたし

そして、田部井さんがしていた運動をひきついだ人たちや、自然を大切に思う人たちが、ゴミをひろう活動をしています。

それからしばらくして、わたしの夏のプロジェクトはBBC《ビービーシー》で放映《ほうえい》されました。事務所《じむしょ》にいたみんながスクリーンのまえにあつまって、送られてきたビデオを見ました。でも、放映されたのはわずか3分ほど。とくにメインのニュース番組でながれるものは、1分台にちぢめられてしまいました。

これにはジュリエットさんもがっかりしていましたが、わたしも衝撃《しょうげき》を受けました。何人もの人間が、何日もかけて作ったものが、わずか数分になってしまう――映像《えいぞう》の世界ではあたりまえのことかもしれないけ

## コラム

れど、当時の自分にはショッキングなことでした。せっかちでたくさんのことをおいかけたい自分には、まどろっこしすぎると思い、わたしはやっぱり文字の世界に行きたいなと思いました。

それでも、1997年の夏は、自分の人生のなかでももっとも実りの多い夏のひとつになりました。リサーチのやりかた、情報《じょうほう》のつみあげかた、質問《しつもん》のしかたなど、ジャーナリズムについて自分が知っていることの6割《わり》くらいは、あのみじかい時間に、ジュリエットさんの仕事ぶりから吸収《きゅうしゅう》したものなのではないかと思います。

なにより、ジュリエットさんというひとりの女性が、留学《りゅうがく》するためにうつりすんだ外国で、母国語でない言葉をつかって取材をするすがたを見ることができたことは、自分にとって大きなインスピレーションになりました。

ジュリエットさんは外国人であり、そのうえ女性であることによって、さまざまな壁《かべ》にぶちあたっていました。でも、彼女《かのじょ》が仕事をしながらもがっかりしたり、腹《はら》をたてたり、くやしがったりという感情《かんじょう》を表現《ひょうげん》していたこと、そして、ときにはイギリスの上司に抗議《こうぎ》していたことは、わたしのなかに小さな火をともしました。彼女が自分の仕事をどれだけ大切にしているかがわかり、わたしもフェアでないと思ったときには、おなじようにその気持ちをあきらかにして伝えていこうと思いました。

# アメリカではたらく

## ニューヨークってどんなところ？

みなさんは、ニューヨークという街の名前を聞いて、何を思いうかべますか？　自由の女神《めがみ》？　メトロポリタン美術館《びじゅつかん》？　タイムズ・スクエア？　ヤンキース？　国連？　もしかしたら、小さな島に背《せ》の高いたてものがぎゅうぎゅうにつまっているニューヨークのすがたを、どこかで見たことがあるかもしれませんね。

この街には「メルティングポット（人種のるつぼ）」というあだ名がついています。あらゆる人種がごちゃまぜにくらす街のようすをたとえたものですが、肌《はだ》の色や国《こく》籍《せき》だけでなく、持っているお金の量、宗教《しゅうきょう》に対する考えかた、性《せい》のありかたまで、あらゆる点で、じつにさまざまなタイプの人が、ひしめきあってひとつの街に共《きょう》存《ぞん》しています。

ニューヨークのとなりの州の大学院にかよっているあいだ、時間をみつけては遊びにいくうちに、わたしはすっかりニューヨークのおもしろさにめざめてしまいました。そのうちに、卒業したらニューヨークにくらしたい、と強く願うようになりました。

その願いがかなってあこがれの街に最初のアパートを借りたのは、やっとのことで大学院を卒業できた1998年のこと。

ニューヨークにずっと住もう、と決めたことはいちどもないのですが、刺激《しげき》とエネルギーいっぱいのこの街で、会社につとめ、なんどか転職《てんしょく》をし、会社をはなれてひとりで仕事をはじめて……。そのときどきのことをいっしょうけんめいやっていたら、長い時間がたっていた、というような感じです。

大人になってからの時間のほとんどを、この街でくらしたことになります。いまの自分は、この街によって作られたといってもおおげさではありません。

## ニューヨークの魅力《みりょく》

移民《いみん》の国アメリカができたころの時代に、移民たちが最初におとずれる玄関口《げんかんぐち》となっていたニューヨークには、いまもアメリカ中から、そして世界中からありとあらゆる人がやってきます。芸術《げいじゅつ》やビジネスで、「世界のいちばん」をめざす人もいれば、そのまえにいた場所からのがれ、よりよい職《しょく》や環境《かんきょう》をもとめてやってくる人もいます。

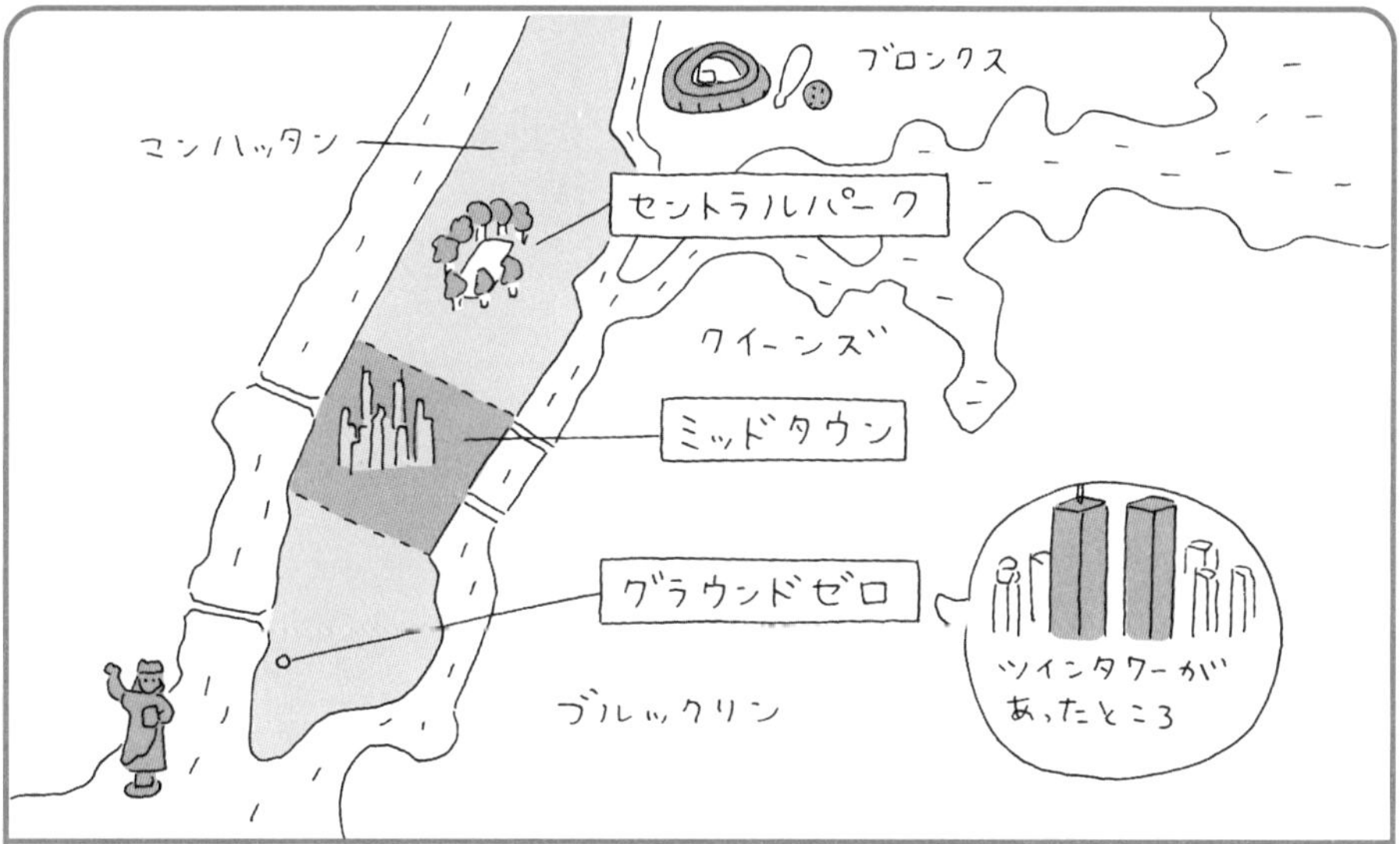


ニューヨーク、マンハッタン周辺

　ニューヨークの何が好きかと聞かれたら、わたしにとってこの街の最大の魅力《みりょく》は、そこにあつまるありとあらゆるタイプの人々が織《お》りなす文化、そしてそうした人たちがともにくらしたり、ぶつかりあったりすることで生まれるエネルギーにつきます。

　ニューヨークは、移民であっても、何も持たない人であっても、がんばれば成功を手にすることができる場所だと思われています。また同時に、アメリカの、そして世界経済《けいざい》の中心地であり、世界でいちばん物価《ぶっか》（ものの値段）の高い大都市のひとつでもあります。

　まだニューヨークに来たばかりで、お給料

もすくなく、心ぼそい思いをしていたころ、たちならぶ高いビルを見あげながら、米粒《こめつぶ》ほどの大きさに見える窓《まど》のなかでくらす人たちのことをよく想像《そうぞう》していました。ニューヨークが高級な場所になるまえからいるふつうの人も、高級マンションにくらす人も、きっと自分とおなじように、日々、がんばってはたらいたり、かなしみに涙《なみだ》をながしたり、ケンカをしたり、愛をかわしたりしているのだろうなあと想像して、自分はひとりではないという気持ちを持ったものです。

ニューヨークには、その日をくらすのでせいいっぱいという人から、いつも運転手つきのリムジンにのって移動《いどう》するようなお金持ちまでがいて、人がかせぐお金の額《がく》の幅《はば》がひろいので、「格差《かくさ》」の大きい街です。超《ちょう》高級なタワーマンションと家賃《やちん》の安い公営住宅《こうえいじゅうたく》がとなりあっていたりもします。それがニューヨークという街のおもしろいところだともいわれます。でも、わたしがこの街にくらしたあいだだけでも、ものや土地の値段《ねだん》はどんどん高くなり、ふつうの市民にはどんどんくらしづらい街になってしまっていることも否定《ひてい》できません。

## どんな仕事をしてきたか

ニューヨークに引《ひ》っ越《こ》して、まずはじめたのは、日本の新聞社のニューヨーク支局《しきょく》での、助手としての仕事でした。したっぱの助手として、ときにはおこられながら、海外の支局という場所で、記者の仕事を観察しました。

助手の仕事はいろいろありましたが、大量にながれてくるニュースのなかから、ネタになりそうなストーリーを見つけるのも、そのうちのひとつでした。ニューヨークで発行される大手の新聞5紙を朝いちばんにチェックするのが日課になり、それによって、この街の政治《せいじ》がどう運営《うんえい》されているのか、どういう問題があるのかを日々観察することになりました。

わたしが助手としてついた年配のジャーナリストは、写真のインパクトがあるネタをさがしていました。爆弾《ばくだん》のにおいをかぎわける犬の訓練施設《くんれんしせつ》に行ったり、季節のイベントを取材したり。

自分がおもしろいと思う、関心のあるストーリーを提案《ていあん》することもありました。

ニューヨークに引《ひ》っ越《こ》したばかりのころ、自分の家から出た飲みもののあき缶《かん》やあきびんをスーパーのリサイクルの回収《かいしゅう》に持っていったところ、受けとれない、といわれたことがありました。飲みものを買うときに容器《ようき》代こみの値段《ねだん》で払《はら》っていて、容器を返却《へんきゃく》すればそのお金がもどってくることになっているはずだと聞いてみると、「受けとりはじめるとホームレスの列ができてしまうから」との答えでした。ニューヨークの街には、すてられた容器をあつめてお金にかえる、路上生活をしている人たちがいるのですが、スーパーがそういう人たちを拒否《きょひ》していたのです。スーパーに拒否された人たちは、どうしているのでしょう?

路上の人をつかまえて聞いてみたら、街のはずれにリサイクル資材《しざい》の回収センターがあるのだということでした。調べて電話をかけてみると、ガイさんという人が電話に出て「見に来たらいいよ」という返事。回収センターには、ふくろ

①びんや缶の
飲みものを買う
びん・缶代が
ふくまれている
JUICE
②飲みおわったら
お店にびんや缶を返す
③お金が
もどってくる

缶やびんの回収システム

いっぱいにつまった缶やびんを持った人々がつぎつぎにやってきて、お金を受けとっていました。

ガイさんは、路上で缶やびんを回収してお金をつくる人たちがスーパーに拒否されないように回収センターを作ったものの、飲料メーカーのボトル部門が回収センターであつめたものの引きとりを拒否したために、裁判所《さいばんしょ》にうったえて勝ったというストーリーの持ちぬしでした。

わたしは、たったひとりの人が「それはまちがっている」と、大きな会社に闘《たたか》いをいどみ、それに勝って、変革《へんかく》を起こしたのだということに感動しました。ひとりの力でも、何かを変えることがあるのです。

もうひとつ思い出ぶかい話があります。記者助手をしていたとき、グラミー賞という歴史《れきし》ある音楽の賞の5部門を、ローリン・ヒルというヒップホップの女性アーティストが受賞しました。ニューヨークのストリートから生まれた音楽のジャンルが評価《ひょうか》され、それも黒人の女性が賞を受けとったことに、ヒップホップのファンたちがもりあがっていました。

先輩《せんぱい》の記者さんが、「ヒップホップって何?」と聞いてきたので、自分が知っていることを説明すると、「記事にしよう」といってくれました。そこでわたしはたくさん電話をかけ、音楽ジャーナリストやプロデューサーからコメントをもらうことにしました。

せっかくなので、だめもとで、デフジャムという音楽レーベルに電話をかけてみたところ、雲の上の存在《そんざい》だと思っていた大物のプロデューサーから電話がかかってきてコメントをもらえて、大興奮《だいこうふん》しました。それにより、ヒップホップというストリート生まれの音楽について、日本の新聞できちんとした記事を出すことができたのです。

この経験《けいけん》は、自分がどれだけ新米でも、どれだけ小さい存在でも、だめもとで挑戦《ちょうせん》してみれば、うまくいくこともあるのだということ、また、ただ「好き」という理由で知っていることが、役にたったり、仕事になったりすることがあるのだということを教えてくれました。

## 移民《いみん》としての自覚

記者助手の仕事を1年やったあと、社員25人くらいの出版社《しゅっぱんしゃ》で2年ほどはたらきました。

日本が戦争に負けたあと、アメリカが日本を占領《せんりょう》していた時期には、アメリカ政府《せいふ》が日本で出版《しゅっぱん》されるすべての本や雑誌《ざっし》の内容をチェックしていました。これを検閲《けんえつ》といいます。ゴードン・プランゲという歴史学者《れきしがくしゃ》がアメリカに持ちかえっていたそれらの出版物が発見され、それが歴史的に価値《かち》がある資料《しりょう》だということになって、その内容《ないよう》を本にまとめるプロジェクトにやとわれたのです。

面接のときに、社長が「小さな国連みたいな会社だよ」といっただけあって、この会社には、いろいろな文化から来た人がいました。

いわゆる白人、ユダヤ系《けい》の人、「ヒスパニック」「ラテン系」といわれるドミニカやプエルトリコ出身のスペイン語を話す人たちがいました。キューバ系の黒人や、ジャマイカ系の黒人がいて、またトリニダードという島からやってきた人もいました。ユーゴスラビア人も、ロシア人も、ウクライナ人もいました。大きな世界では、国どうしのややこしいもめごとが起きていても、会社のみんなは、日々、仲間として仕事をしていました。

ニューヨークは、先住民だけが住んでいた場所に、オランダやイギリスから、そしてのちにはヨーロッパの各地から新天地をもとめてやってきた人たちが、アフリカからつれてきた奴隷《どれい》たちの労働力をつかって宗主国《そうしゅこく》からの独立《どくりつ》をはたして作った場所である、というくらいの理解《りかい》でいたのですが、わたしが考えていたよりも、たくさんの人種や文化のルーツが存在《そんざい》していたのでした。

わたしがこのころいっしょにはたらいていた人のほとんどは、アメリカに移民《いみん》としてやってきた人、またはその子孫《しそん》でした。はじめはお客さんのような意識《いしき》でいたわたしも、この会社で「移民」というアイデンティティを持つ人たちにかこまれて、だんだん「わたしも移民なのだ」と思うようになっていきました。

ニューヨークは、はじめは「ようこそ！」と受けいれられたような気持ちにさせてくれました。でも、しばらく住むと、人種差別やハラスメントにあうこともありました。

日本では体験したことのなかった種類の悪意に、最初はおそれおののき、恐怖《きょうふ》を感じて泣いたりもしていたのですが、それはおこっていいことなのだと知りました。自分の肌《はだ》の色や外見を理由に悪意をむけられたことを会社のだれかに話すと、そのたびに自分以上におこってくれるし、「あなたももっとおこらないと!」とカツを入れられたりもするのです。

年配の白人のおじさんがわたしのことを「オリエンタル*」とよんだときに、年下の若いスタッフが「それは人間に対してつかう言葉ではない、失礼だ」と、顔を赤くしておこってくれたこともありました。

同世代の同僚《どうりょう》たちとは、よくレイシズム、人種差別の話をしました。「国連みたい」な会社でも、白人とそうでない人の給料のあいだには差があるということ、管理職《かんりしょく》は白人ばかりであること、ひとくちに「ヒスパニック」とまとめられる人たちのあいだでもたくさんのレイヤーがあること、おなじ人種のなかでも、肌の色の明るさ、または濃《こ》さで人を判断《はんだん》する人たちがいること……。安心して人種の話をできるところではたらいたことは、わたしにとって大きな宝《たから》ものになりました。

この会社に入ったころ、バルカン半島にあったユーゴスラビアのコソボという地域《ちいき》で起きたセルビア人によるアルバニア人に対する迫害《はくがい》と武力衝突《ぶりょくしょうとつ》によって、ニューヨークにもコソボから難民《なんみん》たちがやってきていました。上司が自宅に受けいれていたアルバニア人の高校生が、アルバイトをするようになりました。会社にはもともとユーゴスラビア出身のセルビア人がはたらいていました。

ユーゴスラビアの政府《せいふ》が、アルバニア人たちを迫害し、大量の人間を殺《ころ》していることは「ジェノサイド（虐殺《ぎゃくさつ》）」にあたるのか、それに対してアメリカは介入《かいにゅう》するべきかどうなのか、会社のみんなのあいだで活発に話しあわれていました。戦争はぜったいに悪いことだと教えられていたわたしは、弱い人たちが一方的に攻《こう》撃《げき》されているときに、ほかの国がそこに首をつっこむことがよいことなのか、目のまえで人が殺されているのに、ただ見ているることが正しいのか、ということを

**オリエンタル**▼かつて、「西洋（オクシデント）」から見たアジアや中東のひろい地域を「東洋（オリエント）」とよんだことから、アジアで作られるものをさす。現在《げんざい》では、人に使うのは不適切《ふてきせつ》。

はじめていっしょうけんめい考えました。

この紛争《ふんそう》の背景《はいけい》には、ふたつの民族のあいだの長い歴史《れきし》があって、それぞれが過去《かこ》に起きたことを理由に、暴力《ぼうりょく》を正当化していました。会社のみんなの話を聞いていると、どこでそだったか、どういう教育を受けたかによって、おなじことでもまったくちがって見えるのだということがわかりました。

そして、国のリーダーたちが決めることによって影響《えいきょう》を受けるのはふつうの人たちです。ただふつうにくらしたいだけの人たちが生活をねこそぎうばわれたり、家族がバラバラになったりするのが、とにかくやるせないことに感じられました。

## 人の話を聞くという仕事

会社員になってからも、留学《りゅうがく》時代に原稿《げんこう》の仕事をくれた会社からは、すこしず

## アメリカではたらく

つ依頼《いらい》がきました。ニューヨークで仕事をしているということが伝わって、社会人になっていた友だちや知人から、ぽつりぽつりとリサーチや原稿、雑用《ざつよう》の仕事も来るようになりました。いつかは会社をやめて独立《どくりつ》し、自由にはたらきたいと思うようになっていたので、すこしずつそういった仕事をふやしていきました。

このころは、ニューヨークの人気のお店や、新しいタイプのビジネスを取材するという依頼が多かったのですが、わたしがいちばん好きだったのは、街で人をつかまえて質問《しつもん》をするということでした。海外のカルチャーをあつかう雑誌《ざっし》からお題をもらって、街の人に聞く仕事をよくやっていました。

たとえば、「あなたの名前はどうやってついたのですか？」とか、「結婚《けっこん》や恋人《こいびと》との関係を長つづきさせるためのコツはなんだと思いますか？」とか、「あなたにとって読書は？」というようなお題です。公園やバーで、知らない人に話しかけ、質問の答えを聞くのがとにかく楽しかったのは、人間というものは、ひとりひとりまったくちがうのだ、ということにワクワクしていたからだと思います。

知らない人にいきなり話しかけ、それなりに大きな質問《しつもん》をして答えをもらう、という仕事は、最初はとても緊張《きんちょう》しました。でも、たくさんの人が真剣《しんけん》に答えてくれるので、どんどん楽しくなりました。この経験《けいけん》のおかげで、わたしはだいたいの人とは会話ができる人間になりました。

のちにインタビュアーとして、有名な人に話を聞く仕事にやとわれたり、考えかたがまったくちがう人たちと対話をするようになってからも、このころの経験がいきています。アメリカ中を車でまわり、都会でないところにくらす人たちに、生活の不安や政治《せいじ》にのぞむことを聞いて、長いルポを書いたこともあります。

## ニューヨーカーの多様なすがた

人の話を聞くのが楽しい理由のひとつが、ニューヨークという街の多様性《たようせい》です。

## アメリカではたらく

自分のまわりを見まわすだけで、さまざまな国や文化のルーツを持ち、ちがう地方のごはんを食べ、ちがう言語を話している人たちがいて、直接《ちょくせつ》その場所に行くことはできなくても、知らない文化とふれあうことができるのです。

多様なのは、人々の国籍《こくせき》や肌《はだ》の色、文化的な背景《はいけい》だけではありません。ジェンダーやセクシュアリティ、個人のありかたは自分で決めてよいのだ、人の数だけ多様性がひろがるのだ、ということを教えてくれたのもニューヨークです。移民《いみん》だからといってちぢこまって生きなくてもいいし、コンプレックスだらけの自分でも、そのままでよいのだと気づいた場所でもあります。

生活のこと、悩《なや》み、夢中《むちゅう》になっていること、家族のこと、ひとりひとりの人に人生と物語があります。それぞれが、それぞれの方向から世のなかをながめているのです。会社でも経験《けいけん》したように、おなじものを見ていても、まったくちがうように見えることがあります。いつまで話してもわかりあえない人に出会うこともありますが、たとえ意見はちがっても、それを知ることにも意味があると信じています。そこには、何かかならず自分の知らないことがあるからです。

## 9・11

わたしのニューヨーク生活のなかで、もっともインパクトがあった大きな事件が2001年9月11日に起きた同時多発テロ事件でした。ワールドトレードセンターという、ニューヨークでいちばん高く、2棟《とう》がつらなっていて「ツインタワー」(ふたごの塔《とう》)とよばれていたビルに、2機の飛行機がつっこんで、ビルがたおれたのです。

そのころわたしは、ミッドタウンとよばれるオフィス街にある通信社につとめていました。朝起きて歯をみがいているときに、友人からかかってきた電話で事件を知りました。テレビをつけると、ビルにつっこんだ飛行機が燃《も》えるようすがうつっていました。一大事だと会社に行くため家を出ましたが、地下鉄やバスはまったくうごいていません。上司から自宅でまっているようにと命じられて、ひたすら何時間もぼうぜんとテレビを見つめていました。燃えさかるビルから人がつぎつぎととびおりるようす、ビルがたおれ、まわりが灰《はい》と煙《けむり》におおわれるようすから目をはなすことができませんでした。その日、そこではたらいていた人や、観光をしていた人、消防隊《しょうぼうたい》の人など、3000人近くの人が亡《な》くなりました。

この日起きたことは、わたしのニューヨーカーとしての生活を大きくゆるがす事件になりました。

ある日とつぜん、世のなかが変わってしまいました。事件からしばらくのことは、記憶《きおく》があいまいです。街の一部が灰となり、ダウンタウンとよばれる南の地《ち》域《いき》には避難勧告《ひなんかんこく》が出され、たくさんの人が何か月も家に帰れない状態《じょうたい》になりました。学校や会社もしばらくお休みになって、街はゴーストタウンのようでした。

そうやって外の世界はしんとしずまりかえっているのに、わたしがいる報道《ほうどう》の世界は、上を下への大さわぎ。ふだんは現場には出ないで指示《しじ》を出すだけのベテランのえらい人たちも、わたしのようなしたっぱも、あちこちに電話をかけ、バタバタと仕事をしていました。

ワールドトレードセンターは、超大型《ちょうおおがた》のオフィスビルでしたから、何人かの友だちがビルにある会社につとめていました。ほとんどは無事でしたが、ある友だちのパートナーが命をおとしました。友だちにとっての一大事が起きているなか、恐怖《きょうふ》やかなしみにふたをして、わたしは毎日ロボットのように職場《しょくば》にかよい、どこかの国の政治家《せいじか》がこう発言した、専門家《せんもんか》がこういっている、といったニュースをながしつづけました。

わたしが大好きだったニューヨークの街は、戦場《せんじょう》のようになってしまいました。街のいたるところに戦闘用《せんとうよう》のライフルを持った軍人たちが立っていて、道路には戦車《せんしゃ》が走っていました。地下鉄で荷物検査《にもつけんさ》がはじまり、報道機関《ほうどうきかん》もテロの標的《ひょうてき》になるかもしれないという情報《じょうほう》を受けて、いつでもにげられるようにパスポートとさいふの入ったバッグをすぐにつかめる場所において仕事をしていました。

このテロのあと、飛行機を操縦《そうじゅう》した犯人《はんにん》たちが、パレスチナの人たちがイスラエルに抑圧《よくあつ》されていることに腹《はら》をたて、それゆえアメリカに対する怒《いか》りをいだいていたイスラム教の国の出身の人たちであることが明らかになると、報復《ほうふく》（しかえし）をせよという意見が出てきました。そのうちアメリカは、テロの指示《しじ》を出したオサマ・ビン・ラディンというリーダーをおいかけるために、彼《かれ》がくらしていたアフガニスタンに軍隊を派遣《はけん》して、せめいりました。

軍隊を派遣するということは、ターゲットがいるとはいえ、一般の人がまきこまれたり、殺《ころ》されたりする可能性《かのうせい》もあります。でもそのとき、わたしは大きな声で「戦争反対」ということができませんでした。いま思えば、「報復せよ」という声は、家族や友人を殺された人たちから出てきたものでさえなかったのに、それでも、アメリカを相手に戦いをしかけた人たちがしかえしされることは、しょうがないことなのかもしれない、と思ってしまったのです。

ニューヨークやアメリカにくらす、イスラム教徒や中東にルーツを持つ人たちに怒《いか》りをぶつける人たちもあらわれました。外見や服装《ふくそう》を理由にしたハラスメントや差別がふえ、むやみやたらと警察《けいさつ》からとりしらべを受けたり、名前や出身国を理由にテロリストあつかいされたりする人もいました。

自分に何ができるだろうかと考えたわたしは、夜や休みの日をつかって、アフガニスタンのコミュニティの祭りや、モスクでのあつまりをたずねて話を聞くことにしました。そして、「イスラム教徒」「ミドルイースタン（中東系《けい》）」とざっくりまとめられる人たちのルーツもまた多様であること、多くの人たちが、パレスチナの人たちが一方的にイスラエルによって支配《しはい》されていることに心を痛《いた》めていること、そしてそういう考えを口に出すと、テロリストをかばっているのだと思われてしまうことなどを教えてもらいました。

9・11という事件は、アメリカがアフガニスタンやイラクに攻撃《こうげき》をしかけるきっかけになりました。オサマ・ビン・ラディンという人は、それから何年もたってから、パキスタンにいるところを見つかり、アメリカ軍によって殺《ころ》されました。一方、それまでのあいだに、9・11で亡《な》くなった人の数を大きくうわまわる民間人や、アメリカの軍人が戦場で命をおとしました。

9・11で、自分の国が攻撃される光景を見て、アメリカ軍に入った若者たちがたくさんいました。でも、ここでも格差《かくさ》がありました。軍に入ると奨学金《しょうがくきん》がもらえることもあり、軍に志願《しがん》する若者の多くは、まずしい地域《ちいき》にそだち、大学に進学する学費《がくひ》を持たない人たちだったのです。

また、実際《じっさい》に戦場に出かけていくと、生きて帰ってきても、多くの人が、その後長い時間、トラウマに苦しみます。自分で命を絶《た》つ人もすくなくありません。

わたしはいままでは、どんなかたちの軍事攻撃でも、あくまで反対しなければならないと決めています。

# 9.11とそれから

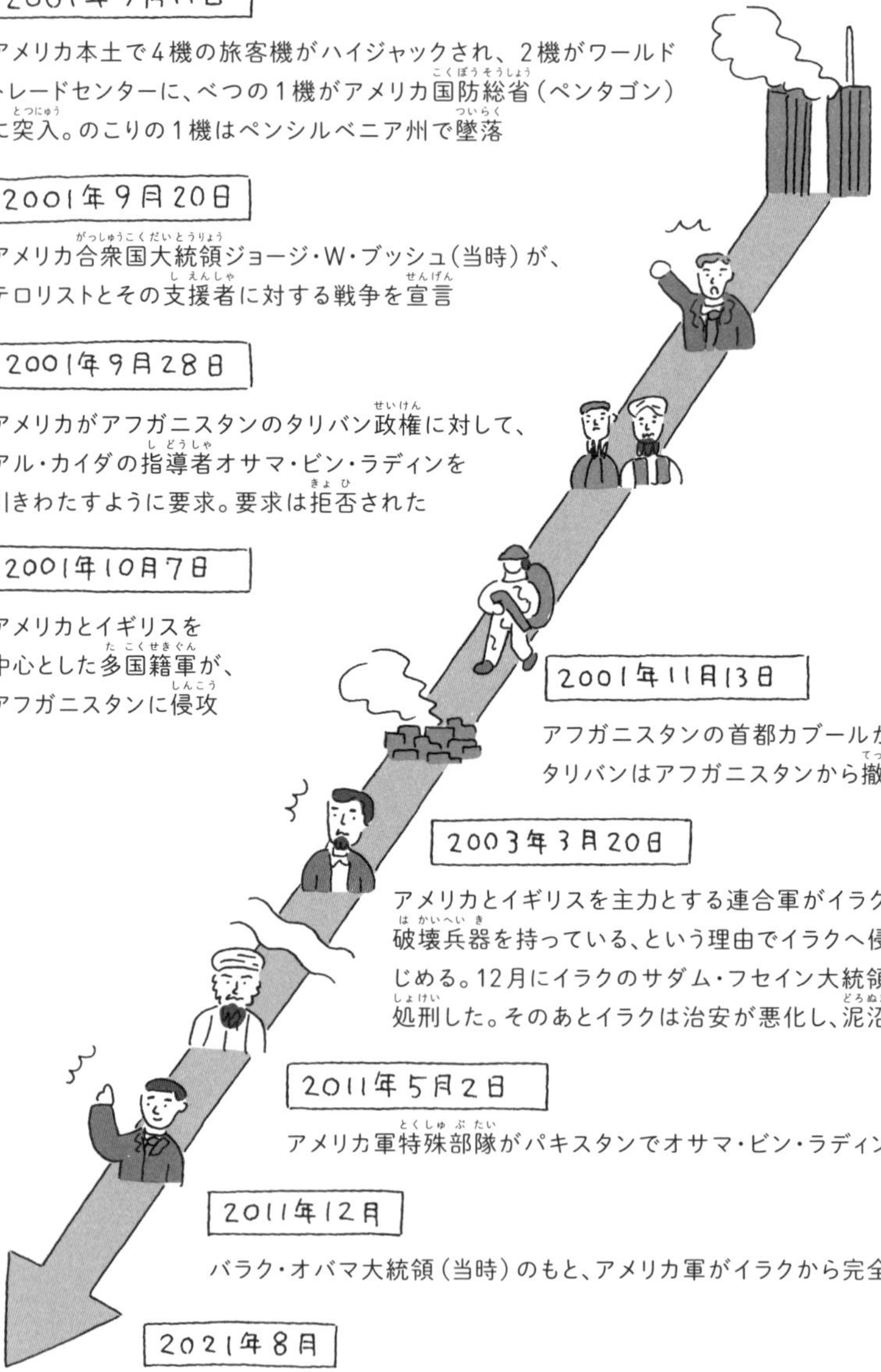

2001年9月11日

アメリカ本土で4機の旅客機がハイジャックされ、2機がワールドトレードセンターに、べつの1機がアメリカ国防総省《こくぼうそうしょう》（ペンタゴン）に突入《とつにゅう》。のこりの1機はペンシルベニア州で墜落《ついらく》

2001年9月20日

アメリカ合衆国大統領《がっしゅうこくだいとうりょう》ジョージ・W・ブッシュ（当時）が、テロリストとその支援者《しえんしゃ》に対する戦争を宣言《せんげん》

2001年9月28日

アメリカがアフガニスタンのタリバン政権《せいけん》に対して、アル・カイダの指導者《しどうしゃ》オサマ・ビン・ラディンを引きわたすように要求。要求は拒否《きょひ》された

2001年10月7日

アメリカとイギリスを中心とした多国籍軍《たこくせきぐん》が、アフガニスタンに侵攻《しんこう》

2001年11月13日

アフガニスタンの首都カブールが陥落《かんらく》し、タリバンはアフガニスタンから撤退《てったい》

2003年3月20日

アメリカとイギリスを主力とする連合軍がイラクが大量《たいりょう》破壊兵器《はかいへいき》を持っている、という理由でイラクへ侵攻をはじめる。12月にイラクのサダム・フセイン大統領を逮捕《たいほ》、処刑《しょけい》した。そのあとイラクは治安が悪化し、泥沼化《どろぬまか》する

2011年5月2日

アメリカ軍特殊部隊《とくしゅぶたい》がパキスタンでオサマ・ビン・ラディンを殺害《さつがい》

2011年12月

バラク・オバマ大統領（当時）のもと、アメリカ軍がイラクから完全に撤退

2021年8月

バイデン大統領（当時）のもと、アメリカ軍がアフガニスタンから完全に撤退

# アメリカの社会運動

## 労働運動

わたしのニューヨーク生活には、つねに「運動」の存在《そんざい》がありました。ひとりでも運動することはできますが、人があつまって集団《しゅうだん》を作るほうがパワーを発揮《はっき》しやすいこともあります。

5年というみじかい会社員生活のなかで、「労働組合」というものに参加していたことがあります。「労働組合」というのは、はたらく人たちの条件《じょうけん》やあつかい（待遇《たいぐう》、という言葉をつかいます）をまもったり、改善《かいぜん》したりするために人があつまってできる組織《そしき》のことです。

最後につとめていた通信社では、レポーターやジャーナリストとして仕事をする人は全員、ニューヨークのジャーナリスト組合に入るきまりになっていました。わたしがジャーナリストになるずっとまえに、ニューヨークのメディア機関《きかん》ではたらいていた人たちがあつまって組合を作り、はたらく時間やお休みの日数、お給料といったことを会社側と交渉《こうしょう》していたのです。

お給料から、決して小さいとはいえない額《がく》を会費《かいひ》として組合に払《はら》う必要がありました。でも、組合が会社と交渉《こうしょう》して決めたしくみのおかげで、わたしたちの仕事はまもられ、正当な理由がないとクビにならないことになっていました。また、お給料は、年齢《ねんれい》と経験《けいけん》によって計算され、毎年上がっていくしくみになっていました。

報道《ほうどう》の仕事は、世のなかがお休みしている休日や週末でも、事件《じけん》が起きるかもしれませんから、だれかがオフィスにいなければなりません。休日に仕事に出たがる人はすくないので、土曜日に出勤《しゅっきん》すれば1・5日分の、日曜日や休日に出勤すれば2日分のお休みがもらえることになっていました。また、勤務時間《きんむじかん》は8時間、うち1時間は休けいと決められていて、それをこえて仕事をしなければいけないときは、「残業代《ざんぎょうだい》」をもらうか、お休みにかえることができる、と決められていました。こういったことも、組合の活動によって決められてきたことでした。

9・11のテロが起きたあと、ニュースの業界はとてもいそがしくなりました。会社はたくさんの残業代を払ったり、アフガニスタンやイラクに人を派遣《はけん》したりしたこともあって、おさいふの状況《じょうきょう》がかなり悪くなりました。おまけに大きな不景気がやってきたのです。そして、ついに会社が人を手ばなす「レイオフ」をはじめました。日本でいう「リストラ」というやつです。

わたしのようなしたっぱの労働者は、労働組合と会社のとりきめによってまもられていたので、最初に仕事をうしなったのは、高給とりのベテランの管理職《かんりしょく》たちでした。アメリカでは、景気が悪くなって、会社のおさいふが苦しくなると、労働者があっさり切られてしまうのはわりとふつうのことです。それはわかってはいましたが、きのうまでいっしょにはたらいていた人が急にいなくなるということを目《ま》の当たりにして、なんと残酷《ざんこく》なことかと思いました。

オフィスのとなりの席には、組合の委員をつとめるスポーツジャーナリストのおじさんがいて、彼《かれ》は管理職《かんりしょく》の人たちが横暴《おうぼう》な口をきいていないか、だれかがこっそり残業《ざんぎょう》をさせられていないか、きびしく見はっていました。最初は、そのきびしい態度《たいど》に「こわいなあ」などと思っていたのですが、話してみると気さくで楽しい人でした。とくに、上司とのトラブルがあったとき、会社の上の人との交渉《こうしょう》のしかたを教えてくれ、なかよくなりました。

のちに、会社がわたしのいた部署《ぶしょ》をオーストラリアにうつすことになり、わたしの仕事がなくなることになったときも、この人が交渉を担当《たんとう》してくれて、数か月は生きられるだけの退職金《たいしょくきん》をもらって会社をやめることができました。

## アメリカの社会運動

わたしが会社をやめたのは2002年のことでしたが、そのあとアメリカでは、労働組合の力が弱くなっていきました。とくに2008年に世界的な不景気（リーマン・ショック）が起きてからは、労働者をまもる組合は、会社が利益《りえき》をふやすことをじゃましていると考える人がふえてしまったのです。その後も、はたらく人たちの権利《けんり》はさらにけずられていきました。

労働組合は経済《けいざい》の成長をさまたげるものだ、という考えは、その後、長く支持《しじ》されてしまっていましたが、そのあいだに、アメリカの貧富《ひんぷ》の差はどんどん大きくなりました。経営者《けいえいしゃ》や投資家《とうしか》はどんどんリッチになり、物価《ぶっか》もあがっていき、一般《いっぱん》の労働者のくらしぶりは、なかなかよくならないどころか、むしろ悪くなっていきました。

こうした状況《じょうきょう》にたえかねた労働者たちが、ふたたび立ちあがりはじめました。いま、アメリカでは、見たことのないいきおいで労働者の運動がもりあがっています。街角にプラカードを持ってすわっている人がいたり、路上でチラシをわた

ユニオン・ラットとともにストライキをする人たち

されたり。街を歩いていると、巨大《きょだい》なねずみのバルーン人形を見かけることがあります。「ユニオン・ラット」とよばれるこのねずみは、その店や企業《きぎょう》で、組合運動がおこなわれているサインです。

これまで組合がなかった企業で、労働者があつまって交渉《こうしょう》をするために、組合を作ろうという運動もくりひろげられています。そのために、はたらく人たちが「交渉に応《おう》じてくれるまではたらきません」とストライキをおこなうこともあります。

ストライキ中の人たちが、たてものの玄関《げんかん》のまえで「ピケットライン」という列を作ってぐるぐるまわっていることがあります。これは、世間にストライキがおこなわれていることを知らせつつ、交渉のじゃまをする人たちをとおらせないようにする隊列《たいれつ》です。

労働運動がはじまるまえ、労働者たちは週7日、休みなくはたらかされていたこともありました。いまのように、はたらく人が週末休んだり、家族とすごしたりできるようになったのは、昔の人たちが運動をしたからです。

会社は、利益《りえき》を出すために存在《そんざい》する、といわれています。けれど、はたらいてくれる人たちがいなければ、利益を出すことができません。いまの資本主義《しほんしゅぎ》のしくみのなかでは、生みだされた利益を、経営者《けいえいしゃ》や株主《かぶぬし》たちだけでわけあうことのほうが多いのですが、利益をはたらく人たちにわけるタイプの会社も、すこしずつふえています。ただ会社や経営者の富《とみ》がふえるだけでなく、はたらく人たちのくらしぶりや幸せも大切にされる経済《けいざい》のありかたがあるはずなのです。

## アメリカの社会運動

ニューヨークには、さまざまなかたちのデモ（マーチともいいます）が、日常《にちじょう》の一部として存在《そんざい》しています。わたしがはじめてデモに参加したのは、1999年のことでした。記者助手としてはたらいていたころのことです。

アマドゥ・ディアロさんというアフリカからの移民《いみん》が、人ちがいによって警察《けいさつ》官《かん》に撃《う》たれ、亡《な》くなってしまいました。ギニアからニューヨークにやってきたディアロさんは、路上で手ぶくろやアクセサリーを売り、大学に入る学費《がくひ》をためていたといいます。

ある日、この事件で警察に抗議《こうぎ》をするデモがおこなわれることを知ったわたしは、仕事がおわったあと、行ってみることにしました。

場所は、ダウンタウンの中心地、ユニオン・スクエアという広場。ふだんはまちあわせをする人たちや、犬を散歩させる人、また屋台やストリートパフォーマンスでにぎわう場所ですが、その日のようすはちがっていました。

アメリカ人でもない、ひとりの移民の労働者の死をいたみ、彼《かれ》の命がうばわれたことに対して怒《いか》りを持ち、警察に抗議をするために、手づくりのプラカードを持ってあつまった人たちが広場をうめていました。アフリカから移民としてやってきて、ニューヨークという場所のはしっこで、ひっそりと苦労してはたらいていた人のためにあつまる人たちがいる。そのことに、わたしはおおいに勇気をもらったのでした。

ちなみに、ディアロさんを撃った警官たちは、刑事裁判《けいじさいばん》では無罪《むざい》になりました。ディアロさんが武器《ぶき》を持っていると思い、自分たちの身をまもるために撃った、という警官たちの主張《しゅちょう》がみとめられてしまったのです。ディアロさんの遺族《いぞく》には、ニューヨーク市が補償金《ほしょうきん》を支払《しはら》いましたが、警察がなにも悪いことをしていない人を殺《ころ》しても罰《ばっ》されないという事実は、わたしの心に重い気持ちをのこしました。ディアロさんの事件によって、ニューヨークでは、警察官《けいさつかん》による暴力《ぼうりょく》がすこしずつ注目されるようになりました。そのあと、スマートフォンが登場してからは、警察による暴力がどれだけ起きているのか、本当のところがよりあきらかになりました。小さなことできびしいとりしまりにあったり、無抵抗《むていこう》の市民が暴力をふるわれたり、撃《う》たれたりする映像《えいぞう》が、SNS《エスエヌエス》によってひろめられることがふえたのです。

パンデミックのさなかの2020年に、ミネアポリスでジョージ・フロイドさんという黒人の男性が警察によって殺されたことは、「ブラック・ライブス・マター」（黒人の命にも意味がある）という運動を全米に、そして世界にひろげました。いまも、警察による暴力はなくなってはいませんが、すくなくとも「ゆるしてはいけない」という空気がひろがったように感じています。

## いろいろなデモや集会

わたしがはじめて友だちとさそいあって出かけた反戦運動は、「大量破壊兵器《たいりょうはかいへいき》を作っているらしい」という理由でアメリカが決めたイラクへの侵攻《しんこう》に反対するマーチでした。2003年のことです。何万人もの人たちが、マンハッタンの街を行進しながら戦争反対のスローガンを口にする光景に胸《むね》がふるえました。

同性《どうせい》のカップルの結婚《けっこん》をもとめる運動がはじまったときは、計画しているときから取材をして、大行進のようすを日本の雑誌《ざっし》にレポートしました。こうした行進、デモは、政治家《せいじか》や運動を応援《おうえん》する俳優《はいゆう》などの有名人が演説《えんぜつ》する集会からはじまり、その後、数時間にわたってみんなで行進をします。

また、季節とともにやってくる集会やデモもあります。LGBTQ+《エルジービーティーキュープラス》の人たちの解放《かいほう》運動の歴史《れきし》を記念してはじまったプライド月間は毎年6月。1か月にわたって、さまざまなイベント、集会、デモがおこなわれます。

決まってしまったことをとめようとして運動が起きることもあります。

先進国の多くがすでに廃止《はいし》している死刑《しけい》。アメリカでも死刑がある州がありま す。日本では、いつ執行《しっこう》されるかが知らされませんが、アメリカではまえもって発表されます。そのため、刑が執行されるとき、その刑務所にかならず「国家による殺人」について抗議《こうぎ》する人があつまります。決まってしまったことがひっくりかえされる可能性《かのうせい》がとても低くても、反対の声を上げる人たちがいるのだということを、死刑執行の現場で知りました。

また、ウォルマートという大きなスーパーのチェーンがニューヨークに進出すると発表したときのことです。当時、全米にたくさんのお店を持っていたウォルマートは、価格《かかく》を安くおさえるために、パートタイムではたらく女性たちに時給を払《はら》わずに家で商品を作らせたり、深夜にはたらく従業員《じゅうぎょういん》が外に出ないように、外からカギをかけてとじこめたりしているということが問題になっていました。

テキサス州で、死刑反対運動をする人たち

そのウォルマートがニューヨークにやってきて、新しい店をひらくというのです。

たくさんのニューヨーカーたちが、お店ができる予定の土地に、抗議のプラカードを持ってあつまっていました。州や市の議員さんたちもきて、はたらく人たちの権利《けんり》をまもろうとよびかけていました。

企業《きぎょう》がやってくることに人々が反対するのを見るのは、はじめてのことでした。わたしは、アメリカを代表する大企業が決めたことをとめることはできないだろうと思いました。

ところが、あまりにはげしい反対にひるんだのか、ウォルマートは出店の計画をとりやめると発表したのです。ニューヨークのようなお金の力がものをいう場所でも、住民の反対で大きな企業の決定をくつがえすことができるのか！　とわたしはびっくりしました。この街の人たちは、自分の街は自分たちが作っているという意識《いしき》を持っているのだ、とも感じました。

それだけではありません。この運動によって、ウォルマートのイメージがずいぶんと悪くなり、売り上げに影響《えいきょう》するのをおそれたからか、労働者たちのあつかいは、時間をかけてよくなっていきました。

社会にはいろんな考えがありますから、自分が賛成《さんせい》できるデモばかりとはかぎりません。まえにわたしが住んでいたアパートのそばに、健康へのリスク、子どもをそだてることができないといったさまざまな理由を持つ女性たちに、妊娠《にんしん》をおわらせる中絶《ちゅうぜつ》という医療《いりょう》をほどこすクリニックがありました。

そこにはいつも、胎児《たいじ》の画像《がぞう》を拡大《かくだい》したプラカードを持ち、女性たちに「あか

中絶の権利をうったえるデモで

ちゃん殺《ごろ》し！」と声をかける人たちがいました。命を大切にする、という考えは大切かもしれませんが、だれもが子どもをそだてられる状況《じょうきょう》にあるわけではないし、やどった命が健康に生きられないことがあらかじめわかっていることも、妊娠した人のからだの状態《じょうたい》によっては、命があぶなくなることもあります。

　そもそも、やどった命をどうするかは、その人に決める権利《けんり》があるはずです。中絶クリニックをおとずれる人たちをののしるなんて、あまりに乱暴《らんぼう》です。

　アメリカでは、意見を表明したり、そのためにあつまったりすることが、憲法《けんぽう》によってみとめられています。ですから、そのデモをやめろということはできません。けれど、そこにはいつも、逆に中絶反対の運動に抗議《こうぎ》する人たちや、どなられる女性《じょせい》たちをまもろうとあつまる人たちのすがたがありました。攻《こう》撃《げき》されている人たちがひとりで闘《たたか》わなくていいように連帯《れんたい》する、というやりかたもあるのです。

## 消費《しょうひ》アクティビズム

デモや集会に行く、という運動のかたちのほかにも、生活のなかでできることがたくさんあります。わたしのまわりには、自分たちがお金をどうつかうのか、ということをいつも真剣《しんけん》に考えている人たちがいました。

たとえば、大きな会社がやっているスーパーで買いものをするかわりに、おなじ地域《ちいき》にくらす人たちがやっている小さなお店で買いものをするという選択《せんたく》をしている人がいます。

大きなスーパーは、夜おそくまであいていたり、いろいろなものがいちどに手に入ったりするので、べんりではあります。でも、そこで払《はら》ったお金は、いちどどこかにある本部に入ります。一方、地域の小さなお店でつかったお金は、お店の人たちの手にのこり、その人たちがまた地域でつかう可能性《かのうせい》が高いので、自分により近い人たちをたすけることができます。

大きな企業にたよらなければいけないこともありますが、大きな会社にも、考えかたには差があります。大きな銀行のなかには、気温の上昇《じょうしょう》の大きな原因《げんいん》となっている石炭火力発電（石炭を燃《も》やすたびに、二酸化炭素《にさんかたんそ》が出るのです）に投《とう》資《し》をしているところもあれば、そうでないところもあるし、地方の銀行のほうが、より地元の人たちによりそう活動をしているかもしれません。

戦争をしかけた国や人々を抑圧《よくあつ》している国にサービスを提供《ていきょう》したり、環境《かんきょう》をよごしたり、わざわざ生えている木を切ってマンションを建てたりする会社もあれば、差別に反対したり、平等の実現のために努力をしたり、気候変動をとめる運動に参加したりしている会社もあります。会社によって、お金のつかいかたはさまざまです。

自分がお金をつかう先を考え、買いものによって自分の意志《いし》を表明する運動は「消費《しょうひ》アクティビズム」とよばれています。自分が賛同《さんどう》できない会社の商品やサービスをボイコット（買わないこと）したり、応援《おうえん》したい会社を見つけて、その商品やサービスをえらんだりします。そのことで、自分のお金を社会をよりよい場所にするための道具にしよう、という考えかたです。

これを毎日やることは、かんたんではありません。応援したい会社の商品を買うために遠まわりして時間がかかったり、いままでつかっていたものがつかえなくなったりもします。また、自分が応援できると思っていた会社が、じつはひどいこともしていたとわかってがっかりすることもあります。さらに、大きな会社の場合は、わたしたちががんばってボイコットしても、痛《いた》くもかゆくもないということもあるでしょう。

消費アクティビズムは、すぐに結果にむすびつくこともあるし、時間がかかることも、結果がともなわないこともあります。それでもわたし自身は、結果はどうあれ、自分がいっしょうけんめいはたらいて作ったお金は、自分が賛成《さんせい》できる場所につかいたいなと思っています。

## 自分たちの代表をえらぶ

アメリカで抗議運動《こうぎうんどう》が日常《にちじょう》の一部だとしたら、選挙はたくさんの人が参加する国をあげての一大イベントです。アメリカでは、2年にいちど、地方や州の議会の議員、州が国の議会に送りだす議員、州の知事をえらぶ選挙（中間選挙《ちゅうかんせんきょ》）があり、4年にいちど、大統領《だいとうりょう》をえらぶ選挙がおこなわれます。おもな選挙は、11月にある「選挙の日」が投票日です。

アメリカの選挙は、日本のものにくらべてずっと派手《はで》です。党《とう》の集会に有名なミュージシャンがきてパフォーマンスをやったりして、エンターテインメント性《せい》が高いのも特徴《とくちょう》です。

候補者《こうほしゃ》が舞台《ぶたい》で意見をたたかわせる「ディベート」がおこなわれるときには、多くの国民がテレビのまえにあつまります。候補者どうしがいいあうすがたがおもしろいということもありますが、選挙の結果によって、自分たちの生活が大きく影響《えいきょう》を受けるので、関心が高いということもあります。

わたしがアメリカに来てからこれまで6回の大統領選挙《だいとうりょうせんきょ》がありました。時代や社会のようすによって、人々にとって大切な問題、選挙の争点《そうてん》が変わり、そのたびに、びっくりするようなドラマが起きてきました。

2000年の選挙では、地球の温度が上がり、災害《さいがい》がふえることを警告《けいこく》していたアル・ゴア元副大統領と、テキサスのカウボーイというアイデンティティで売っていたジョージ・ブッシュ元知事の対決でした。それぞれが獲得《かくとく》した票の差がわずかだったことから、選挙の結果が裁判所《さいばんしょ》であらそわれるという大事件《だいじけん》に発

## アメリカの社会運動

展しました。当時はたらいていた会社では、朝からみんなでテレビをとりかこみ、仕事そっちのけでこのことについて話していて、上司がみんなに「仕事もしてくれ」とたのんでいました。

アフガニスタン侵攻《しんこう》がつづいていた2008年には、戦争反対という空気が強いなか、若き黒人の上院議員、バラク・オバマが民主党《みんしゅとう》の候補《こうほ》になりました。

ケニア人移民《いみん》の父親とアメリカ白人の母親のあいだに生まれ、ハワイでそだったバラク・オバマは、生活保護《せいかつほご》や国民への福祉《ふくし》をへらそうとする保守主義《ほしゅしゅぎ》（共和党《きょうわとう》・イメージカラーは赤）と、労働者たちの権利《けんり》や環境《かんきょう》をまもろうとする革新主義《かくしんしゅぎ》（民主党《みんしゅとう》・イメージカラーは青）が対立する社会に対して、「赤い州も、青い州もない」「ひとつのアメリカしかないのだ」という演説《えんぜつ》をして、いちやく有名になっていました。

白人たちが支配《しはい》してきたアメリカという国が、移民の子どもである黒人の若者を大統領にえらぶなんて、夢《ゆめ》のまた夢、ありえっこないと、アメリカにくらす移《い》民《みん》のひとりとして思っていました。でも、自分のまわりでは、たくさんの人たちが会社を休んだり、自分の時間をさしだしたりして、選挙運動に参加していました。それを見て、「もしかしたら？」と希望を持ちました。

結局、オバマは、国民からの圧倒的《あっとうてき》な支持《しじ》を得て選挙に勝ち、アメリカ史上初《しじょうはつ》の人種マイノリティで黒人の大統領《だいとうりょう》になりました。このときの信じられないような感激《かんげき》は、一生忘《わす》れないと思います。

オバマ大統領の時代に、おなじ性別《せいべつ》の人どうしでも、異性《いせい》のカップルとおなじように結婚《けっこん》することができるようになりました。それまでゆるされなかった人たちがぞくぞくと結婚の届けを出し、ウェディングパーティーをするすがたが街にあふれました。

イラクやアフガニスタンに侵攻《しんこう》した強気のブッシュ大統領《だいとうりょう》とはうってかわって、友好の外交をすすめたアメリカはじめての黒人大統領は、世界中でフィーバーをまきおこしましたが、みんながのぞんだすべての改革《かいかく》を達成できたかといえば、

## わたしが経験《けいけん》した大統領選挙《だいとうりょうせんきょ》

民主党　VS　共和党

### 2000年

アル・ゴア

票の差がものすごくわずかだったことから、最終的に最高裁判所《さいこうさいばんしょ》の判決によりブッシュが当選

ジョージ・W・ブッシュ

### 2004年

ジョン・ケリー

イラク戦争の継続《けいぞく》をうったえたブッシュが再選

ジョージ・W・ブッシュ

### 2008年

バラク・オバマ

オバマが勝利し、アメリカ初のアフリカ系《けい》大統領となる

ジョン・マケイン

### 2012年

バラク・オバマ

気候変動対策《たいさく》や医療改革《いりょうかいかく》をうったえたオバマが再選

ミット・ロムニー

### 2016年

ヒラリー・クリントン

大方の予想をくつがえし、ドナルド・トランプが当選

ドナルド・トランプ

### 2020年

ジョー・バイデン

オバマ元大統領のもとで副大統領をしていたバイデンが勝利

ドナルド・トランプ

そうではありませんでした。選挙のときに約束していた医療《いりょう》の改革《かいかく》は、議会からの反対もあり、なかなかうまくいかず、がっかりした人も多かったと思います。

2016年の、アメリカ初の女性大統領《じょせいだいとうりょう》になるかと思われたヒラリー・クリントンが負けた選挙のことは、いまでもきのうのことのように思い出すことができます。このとき当選したのは、ドナルド・トランプでした。女性《じょせい》や移民《いみん》を攻撃《こうげき》しながら人気をのばしたドナルド・トランプという人が、まさか大統領《だいとうりょう》にえらばれるとは思ってもいなかったので、そのショックはたいへんなものでした。わたしは、アメリカの国民が女性差別や移民への攻撃に目をつぶったのだと、とてもこわい気持ちになり、しばらくはおちこみました。

けれどいまふりかえってみると、その選挙がきっかけで、社会をよくしようという運動は、目をさましたかのように活発になりました。自分の友だちやご近所さんたちが、地方議員を決める選挙に出たり、応援《おうえん》できる候補者《こうほしゃ》のもとではたらきはじめたりということもふえました。その2年後におこなわれた中間選挙では、それまで政治《せいじ》とはかかわりのない人生をあゆんでいたマイノリティの人たちや女性たちが、大挙して選挙に出馬し、たくさんの新人議員が生まれたのです。

それは、わたしが悲嘆《ひたん》にくれていたとき、おなじように怒《いか》りやかなしみを持った人たちのなかに、自分の人生をささげることを決めた人がいたということでした。「社会はまえにすすんでいる」とわたしは思いました。

わたしも、その選挙をきっかけに、それまで以上に運動に参加するようになりました。SNS《エスエヌエス》で意見を表明するだけではなく、運動のお金を作るために、選挙で票を入れてもらうために、自分の時間をさしだすようになったのです。

## 本を書く

わたし個人の話にもどりましょう。会社をやめてからというもの、来る仕事をかたっぱしからひきうけていたわたしですが、ときがたつにつれて、自分が情熱《じょうねつ》を感じるテーマは、「社会の変革《へんかく》」なのだということを自覚するようになりました。あるとき、大けがをして、それまでしていた外での仕事をしばらくお休みしなければいけなくなりました。そこで、本を書くことにしました。テーマは、そのとき自分の身のまわりで起きていた小さな革命《かくめい》についてでした。

2008年に、リスクの高い方法で資金《しきん》をやりくりしていたいくつかの会社が倒産《とうさん》したことをきっかけに、アメリカの金融《きんゆう》システムが不調を起こし、世界的な不景気につながったリーマン・ショックという歴史的事件《れきしてきじけん》が起きました。

とつぜん景気が悪くなって、たくさんの人たちが仕事をうしないました。そのあと、しばらくは世のなかに暗いムードがただよっていました。でも、すこしたつと、わたしのまわりには、それまでのライフスタイルを変えて新しい生きかたをさがす人たちがあらわれました。仕事をうしなったことをきっかけに、手づくりのものを売る小さな商いをはじめたり、まえからやってみたことに挑戦《ちょうせん》しはじめたりする人たちです。

　そのころ、わたしは男性《だんせい》むけのファッションやライフスタイルの雑誌《ざっし》の仕事をしていました。すてられてしまうものを直して商品にしたり、農薬をつかわない野菜を作ったりする人たちの取材をしながら、「この人たちは、これまでの大量消《たいりょうしょう》費《ひ》の社会とはひと味ちがう生きかたをさがしているのだ」と気づきました。

　ちょうど、本を書きませんか？　といってくれる編集者《へんしゅうしゃ》と出会い、そうした文化のうごきを見て感じたことを1本の線でつないでみようと、本を書きはじめました。デザインや食、ファッションといったさまざまな分野で起きていたいくつもの小さな変化が大きなムーブメントになっているようすをまとめたいと思ったのです。『ヒップな生活革命』というこの本が出版されると、日本や世界のいろいろな場所にくらし、農業をやったり、コーヒーショップや書店をやっていたりする人たちから、「ありがとう」とか「こちらにもきませんか」といった連絡《れんらく》がとどくようになりました。

よばれるがまま、帰国するたび日本各地に旅に出て、行く先々で、本に登場する人たちと似《に》た価値観《かちかん》を持っている人たちが、地元の人たちがあつまる場所を作ったり、自然を大切にする方法で、食べものや服を作ったりしているすがたを発見し、彼《かれ》らと対話をするようになりました。

しばらくすると、つぎの本の依頼《いらい》がありました。「最初の本に出てくる人はほとんど男の人でしたよね、おもしろい女性《じょせい》もいませんか？」といわれました。それまではおもに男の人が読む雑誌《ざっし》に文章を書いていた時期が長かったので、取材をしていた人の多くが男性《だんせい》だったのです。そこで、いつもわたしに元気をくれる女の人たちに話を聞いてまとめ、出版しました。この本を書いているころ、アメリカではちょうど大統領《だいとうりょう》選挙がおこなわれていました。まえにも書いた、当時、国務長官《こくむちょうかん》というアメリカの外交を担当する仕事をしていたヒラリー・クリントンと、ニューヨークにたくさんの不動産を持ち、自分のテレビ番組も持っていたドナルド・トランプがあらそう選挙でした。

ドナルド・トランプという人は、選挙の最中、自分に反対する人をバカにしたり、たくさんの女の人を名指しで攻撃《こうげき》したり、中東や南米からの移民《いみん》のことを犯罪者《はんざいしゃ》であるかのようにあつかったり、マイノリティを攻撃するようなデマをながしたりしていました。これは、アメリカにくらすひとりの移民の女性としては、とてもおそろしいことでした。

また、セクシュアル・ハラスメントや性暴力《せいぼうりょく》で何十人もの女性にうったえられていたり、堂々《どうどう》と人の、とくに女性の外見をボロクソにいったり、障《しょう》がいを持つ人をからかったり、大人なのに、いじめっ子のようにふるまっていました。それなのに、なんとこの人が大統領になってしまったのです。

この歴史的大事件《れきしてきだいじけん》が起きたことで、わたしの目はひらかれました。アメリカの歴史上はじめての女性の大統領が生まれなかったどころか、女性やマイノリティを下の存在《そんざい》にあつかう人が選挙でえらばれてしまった。この衝撃《しょうげき》は、わたしのみ

トランプ大統領に反対するデモのようす

ならず、アメリカの地面を大きくゆるがしました。すぐに女性たちの運動が生まれ、それまで、観察者としての自分をいちばんに考えていたわたしは、よりまえむきに、積極的《せっきょくてき》に運動にかかわらなければいけない、と思うようになりました。

　トランプ大統領《だいとうりょう》は、仕事につくとすぐに中東からの移民《いみん》を制限《せいげん》したり、ＬＧＢＴＱ＋《エルジービーティーキュープラス》といわれる性的《せいてき》マイノリティの人たちにあたえられていた権利《けんり》をとりあげようとしたりしました。そのたびに、ニューヨークではデモがおこなわれ、わたしもできるかぎり参加するようになりました。権力による弱いものいじ

## アメリカの社会運動

めをゆるしてはいけない、という気持ちでした。

そうこうしているうちに、２０１８年にＩＰＣＣ《アイピーシーシー》（気候変動に関する政府間《せいふかん》パネル）のレポートが発表されました。人間たちがいまのありかたを変えずに、産業革命《さんぎょうかくめい》まえにくらべて地球の温度の上昇を１・５度以内におさめることができなければ、人々のくらしがおびやかされることになるという警告《けいこく》を、科学者や専門家《せんもんか》たちが参加するグループが出したのです。

わたしが20代のころから警告されてきた地球温暖化《ちきゅうおんだんか》による危機《きき》が、いよいよすぐそこまでせまっているのだ、と背筋《せすじ》につめたいものが走りました。どれだけ警告されても、あいかわらず人間たちは、作ってはすてをくりかえし、たくさんのエネルギーをつかって生きていて、そのおかげで温度は上がりつづけていました。そしてなにより、わたし自身もそのひとりだということを考えずにはいられませんでした。

そのニュースは、新聞の一面に大きくのるくらいには大事件としてあつかわれましたが、だからといってなにかが急に変わる気配もありませんでした。

地球が大変なことになっている！　ということを、世のなかにもっとひろめるために、自分にできることはなんだろうか？　そう考えたときに、最初に書いた革命《かくめい》の本のつづきを書きたい、と思いました。気候変動の時代に、自分たちがどう生きるべきなのかを提案《ていあん》するような本を書こうと決めました。

そうやって、本を書いているときにやってきたのが、新型コロナウイルスのパンデミックでした。それまでせわしなくうごいていた世界にブレーキをかけたパンデミックは、社会の問題をさらにうきぼりにしました。裕福《ゆうふく》な人たちとまずしい人たちのあいだに存在《そんざい》する格差《かくさ》、前線ではたらく人たちのおかれている状況《じょうきょう》、災害《さいがい》にそなえる体制《たいせい》や医療《いりょう》の不備《ふび》、営業できなくなったレストランやライブハウス、そしてそこではたらく人たちの生活、ひとりでくらす人たちの孤独《こどく》……わた

## アメリカの社会運動

したちの社会には、たくさんの問題がありました。

アメリカでは、ジャーナリストやアクティビストたちがそれまでも存在していた問題を活発に発信したことや、またそれまで経験したことのない危機《きき》がおきたことから、政治家《せいじか》や街の運営《うんえい》をする自治体の人たちが、見たことのないようなスピードで、つぎからつぎへと対策《たいさく》を決めていきました。

パンデミックが起きたことにより、たくさんの不幸がありました。でも、その影《かげ》で、長いあいだ必要だといわれてきたさまざまな改革《かいかく》もすすんだのです。

医療保険《いりょうほけん》の問題で病院に行きづらかった人への医療へのアクセスが整備《せいび》されたり、エッセンシャル・ワーカーの人たちのお給料が見なおされたりしました。これらは、これまでも問題になっていたことでしたが、パンデミックをきっかけに人々の声がより大きくなってよりよい方向にすすんでいきました。

わたしはそのようすを見ながら、ずっと必要だった革命《かくめい》が、ようやく起きているのかもしれないと考えました。刻々《こくこく》と変わる世のなかを見つめながら、わたしは、目のまえで起きる革命《かくめい》のようすを、インスタグラムやニュースレターで、日本の読者のみなさんと共有するようになりました。

多くの人たちがこれまで体験したことのなかったようなことが起きて、世のなかの人たちがたすけあい、よりそいあうようすを見ることができた一方で、人種や持っているお金の額《がく》、住んでいる国や地域《ちいき》によって、くらしの状況《じょうきょう》があまりにちがうこともあきらかになりました。

とくに日本では、政府《せいふ》からの支援《しえん》や対策《たいさく》のスピードが、ほかの先進国にくらべておそかったことが気になりました。そこで、世界のいろいろな場所に住んでいる人たちとつながり、インスタグラムでライブ配信をして、「ここではこういう対策がとられています」という話をしてもらう活動をしました。日本でも、革命《かくめい》が必要とされている、そう強く感じる日々でした。

# Sakumag《サクマグ》を はじめる

Sakumag

パンデミックのあいだ、わたしは、10年ほどかよっていたニューヨーク州の山おくの家に住んでいました。となりの家とのあいだには、たくさんの木が生え、見かけるのは配達の人くらいという場所です。

ひろい世のなかとわたしをむすぶのは、インターネットだけという環境《かんきょう》で、わたしは運動にバーチャルで参加したり、ボランティアをしたりしていました。社会が大変なことになっている、という気持ちにつきうごかされていましたが、そういう活動が、孤独《こどく》な気持ちからすくってくれました。そのあいだに、新しい革命《かくめい》の本『We《ウィー》の市民革命《しみんかくめい》』を書きました。パンデミックや気候変動の時代に、わたしたちは、みんなでこの地球を大切にしなければいけない、ここは「わたしたち」の場所なのだから、という気持ちをこめて、タイトルに「We」という言葉を入れました。

いつもだったら、本が出たことをみんなに知ってもらうために書店などでイベントをします。でも、パンデミックで日本に帰ることさえできなかったので、オンラインでイベントを開催《かいさい》することになりました。

ふだんのイベントでは、わたしが話をして、そのあと質問《しつもん》を受けるのですが、このときは、逆に画面ごしに顔を見せてくれた人たちに、どういう仕事をして、どういう生活を送っているのか、また、ふだん問題に思っていることなどについて聞きました。これまでおもにアメリカでくらしてきたわたしが、日本から参加してくれる人の、くらす地域《ちいき》のこと、会社の方針のこと、地域や会社のゴミの問題、生活の悩《なや》みやくふうの話を聞くのは、とても新鮮《しんせん》でした。なんどかオンラインでのイベントをやるうちに、この人たちと、社会をよくするための活動ができるのではないかと考えました。

参加してくれた人たちは、それぞれがアイデアや情報《じょうほう》を持っていました。まず、みんなが書きこめる掲示板《けいじばん》をインターネット上に作りました。どこの会社の商品がリサイクルできるのか、どういったものが環境《かんきょう》にあたえる負担《ふたん》が小さいのか、どの会社ははたらく人たちを大切にしているのかなどなど、みんながふだんからあつめている情報《じょうほう》を共有するところがあれば、ひとりひとりが調べる時間をみじかくしたり、いい情報をよりひろくシェアしたりすることができるのではないかと思ったのです。

ざっと見まわすだけで、たくさんの問題が起きていました。日本政府《せいふ》は、新型コロナウイルスの感染者《かんせんしゃ》が多く、病院が大変なことになっているときに、オリンピックをやろうとしていました。そのパブリックビューイングの会場を作るために、そだつのに何十年もかかる公園の木々を切る計画がすすめられていました。たくさんの飲食店が、生きのこりに苦労していました。看護《かんご》や介護《かいご》の仕事をする人たちが、はたらく環境を改善《かいぜん》してほしい、お給料を上げてほしいと声を上げていました。

それまでは、SNS《エスエヌエス》でシェアするくらいのことしかできなかったのですが、イベントや掲示板《けいじばん》で知り合ったみんなと手わけして、問いあわせをしたり、国会議員さんたちにはたらきかけたり、署名《しょめい》をあつめたりしました。ひとりでうごくよりたくさんの結果を出すことができると気がついて、パワーを感じました。

こうやって自然にはじまった活動を、なんとよべばいいだろう？　そう考えたときに思いついたのが「コレクティブ」という言葉でした。わたしたちは組織《そしき》ではなく、もっとゆるやかな人のつながりでした。みんながだいたいおなじ方向を見ていても、ときには意見がちがうこともあったし、おたがいをしばりあうような関係になってしまうことはさけたいと思いました。そこで、「あつまった共同体」という意味のコレクティブ、という言葉をつかうことにしました。また、ニュースレターのタイトルにしていたSakumag《サクマグ》をコレクティブの名前にもしました。

社会をよりよい場所にするために、もっと日本で運動をしたい。でも、自分になにができるのでしょうか。なにができるかを考えるためには、まず勉強から、と思いました。アクティビストや専門家《せんもんか》にお願いして、「スタディ」と名づけたカジュアルな勉強会をやるようになりました。

それまではひとりでやっていた「聞く」ということを、みんなといっしょにやるようになったのです。みんなで聞くことによって、自分では思いつかないような質問《しつもん》が出て、さらに理解《りかい》がすすむこともありました。

このSakumagのコレクティブでは、たとえば気候変動《きこうへんどう》というテーマでも、再生《さいせい》エネルギーについての正しい理解《りかい》をひろめる活動をする団体《だんたい》の代表の人、いらなくなった衣類《いるい》やゴミを素材《そざい》に変える努力をする業者さん、ファッションの現場《げんば》

Sakumag《サクマグ》のみんなで作った本

から素材《そざい》の研究をしているブランド、食の安全と有機農業《ゆうきのうぎょう》の可能性《かのうせい》をうったえる発信者といった、さまざまな角度からの話を聞くことができました。ほかにも、ヘイトスピーチを専門《せんもん》にしている弁護士《べんごし》さん、「障《しょう》がい」について発信するパラリンピックのアスリートなど、いろいろな人にお願いをして、話を聞いてきました。

また、コレクティブのみんなで本も作りはじめました。これまでに、参加する人たちが日常《にちじょう》のなかでチャレンジしたアクションを持ちよったものや、ジェンダーについて話しあいながら作ったもの、勉強会をまとめたものなどを作ってきました。

こうした本には、わたしたちはアクションをしています、という意味をこめて『We《ウィー》 Act《アクト》』というタイトルや、また、いつも勉強中です、まちがうこともある、という意味をこめて『We《ウィー》 Are《アー》 Learning《ラーニング》』というタイトルをつけました。

本を作って、はじめてわかったこともありました。印刷をするときに、こちらがお願いした色を実現《じつげん》するために、印刷会社の人たちが、なんどもためしずりをします。ためした紙は実際《じっさい》はつかえないので、再生紙《さいせいし》にするためにリサイクルにまわります。でも、再生紙にするのに、またエネルギーをつかうことになるのです。

そこで、この紙をなにかに活用できないかと、紙屋さんに相談して、メモ帳やハガキ、フォルダーにしました。それでも紙があまるので、メンバーのアイデアで、切れはしをはりあわせてしおりを作ったりもしました。

仲間がもともと持っている専門分野や関心のあること、人間関係から、プロジェクトがはじまることもあります。

たとえば、パンデミックのまっただなかのころに、仲間のひとりから、レストランが営業《えいぎょう》できなくなって、売れなくなったお米があまって農家さんがこまっているという連絡《れんらく》がありました。おなじころに、障《しょう》がいがあるなどの理由で家を出られない人たちが食料にこまっているという悩《なや》みがよせられました。食べものにこまっている人たちが食料をもらえる場所があったとしても、家を出られない人たちはそこに行くことができないのです。

そこで、仲間たちと、ソーシャルメディアをつかって、必要としている人にお米をとどけるプロジェクトをはじめました。どうやってこまっている人をさがすのか、また送料はどうやってまかなうのかなど、たくさんのハードルがありましたが、たくさんの人たちが頭をよせあって、知恵《ちえ》を出しあいました。

売れなくなってしまった商品の置き場にこまった工場から相談がきていると聞いたときには、なんとか送料をひねりだし、みんなでわけることで、すてられてしまう予定だったたくさんの糸をひきとりました。編《あ》みものができる友人に教えてもらい、また編みものがとくいな人たちが腕《うで》を発揮《はっき》して、キーホルダーやカゴなどの商品を作りました。

売られなくなった衣類をひきとって、「We《ウィー》 Act《アクト》!」「We《ウィー》 Vote《ボート》!（投票します）」といったスローガンを、シルクスクリーン印刷という方法でT《ティー》シャツにすり、生まれかわった衣類を販売《はんばい》する、ということもしました。

そのうち、場所を借りて、オフラインでのイベントもはじめました。Sakumag《サクマグ》の本やオリジナルのグッズ、メンバーたちが作った作品などを販売しながら、手芸やヨガのワークショップや勉強会、トークイベントをひらいています。

Sakumagは、決まった問題を解決《かいけつ》するためにできたしくみではありません。目的がなくとりあえずあつまり、気になることやモヤモヤすること、がんばりたいことなどを話していたら、「もしかして、みんなでなにかできるのではない

ダーニング（つくろいもの）のワークショップのようす

か？」という提案《ていあん》があり、最初は情報《じょうほう》を交換《こうかん》するためのウェブ上の掲示板《けいじばん》としてはじまりました。そのときどきに、社会で起きていることを、みんなにお知らせしたり、署名活動《しょめいかつどう》をしたりするうちに、いろいろな企画《きかく》が生まれてきました。

多くの仲間は東京にくらしていますが、日本の各地や、いろいろな国にも仲間がいます。そして、それぞれの環境《かんきょう》のなかに、ちがう条件でくらしています。共通の目標があるとしたら、地球や環境をまもり、どんなアイデンティティや属性《ぞくせい》の人であってもまもられる、よりやさしい場所をめざすこと。そして社会を、だれにとっても安全で、だれもがきれいな水や食料、安全な居場所、医療《いりょう》や教育にアクセスできるところにすることなのだろうと思います。

メンバーのなかには、それぞれがくらす自治体で、女性《じょせい》やマイノリティの議員をふやすことで、議会の顔ぶれを多様にしようとか、温暖化《おんだんか》の原因《げんいん》になっている二酸化炭素《にさんかたんそ》の排出量《はいしゅつりょう》をへらそう、などとがんばっている人たちがいます。

そして、ちがう国から日本にやってきた移民《いみん》や難民《なんみん》の支援《しえん》をしたり、お金がなく、住む場所をなくしてしまった人たちのお手つだいをしたりしている団体やネットワークとつながっている人たちもいます。それらの活動とつながって、その問題についての勉強会をひらいたり、署名活動《しょめいかつどう》に協力したりもします。

そのときどき、参加してくれる人によって、活動の内容は変わり、新しいことに挑戦《ちょうせん》もします。べつの街をたずね、その街の人たちといっしょにトークやイベントをやったり、それぞれの場所の問題や課題について、情報を交換したりもします。何かをいっしょにすることで、考えかたやリズム、それまでの体験や歴史《れきし》の認識《にんしき》のちがいを発見することもあるし、自分が気がつかなかったことを指摘《してき》してもらえることもあります。どうすればいいか思いつかないような、むずかしい問題をどう考えるべきかを、話しあうこともあります。

こうした活動を、何のためにやっているのでしょう? お金がたくさんもうかるわけではありませんし、すぐに世界が変わるわけでもありません。いろいろ努力をしても、成果が出せないこともたくさんあります。

ひとつには、義務感《ぎむかん》というものがあるかもしれません。わたしたちがくらす社会なのだから、自分たちにとって、みんなにとって、さらにはみなさんのようなこれからの世代の人たちにとって、よりくらしやすい場所にすることを、自分ごととして考えてみよう、ということです。

もうひとつの理由は、コミュニティを作りたいということ。家族がいる人も、いない人も、相談したり、弱音を吐《は》いたりできる場所がぜったいに必要だと思っています。人間は、ひとりで考えるよりも、だれかといっしょに考えて話しあうことで、よりよいアイデアにたどりつくはずです。

でも、もしかするといちばんの理由は、みんなでわいわい楽しいことをしたいということなのかもしれません。わたしたちが活動をするのは、社会に問題がたくさんあるからですが、ただしんどいだけだったら、その闘《たたか》いをつづけていくことは、やっぱりかんたんではありません。せっかくやるんだったら、楽しみながらやりたいし、そこにやさしい場所を作ることができたら、なお最高です。

この社会の、地球の未来のことを考えると、こわい気持ちになることがあります。考えすぎて、ねむれなくなる夜もあります。わたしの場合、そういう気持ちになるのは、自分がアクションできていないときだったりもします。「きょうも、やれることをいっしょうけんめいやった」と思うと、あかちゃんのように、こてんと寝《ね》てしまいます。

もちろん、生きていればかなしいことも起きますし、つらいこともあります。不安になったり、心ぼそくなることもあります。そうしたときに、仲間がいて、話を聞いたり、いっしょに考えてくれたり、楽しい時間をすごす場所があったりすることが、救《すく》いになるのだと思います。

## どんな社会を思いえがくのか

Sakumag《サクマグ》のコレクティブとしての活動は、「こうしよう」と計画的に決めたものではなくて、いろんなことにチャレンジしながら自然にできたものですが、そのねっこには、アメリカで長いあいだ見てきた社会運動で身につけた知識《ちしき》ややりかたを多くの人とシェアしたい、という気持ちがあります。

わたしが考える「社会のあるべきすがた」は、日本でそだち、アメリカにわたって、移民《いみん》として生きるなかですこしずつ作られてきました。

貧富《ひんぷ》の差がはげしく、世のなかの景気によって、仕事が生まれたり、とつぜんなくなったり、物価《ぶっか》が急に上がったり下がったりする場所に長年住んできたからこそ、医療《いりょう》や失業保険《しつぎょうほけん》といった「セーフティネット」とよばれるしくみの大切さを心から感じるようになりました。

また、世界中から、ありとあらゆるタイプの人があつまり、その多様性が大切にされてきた街に自分が受けいれられてきたからこそ、どんな人であっても、自分らしく生きる権利《けんり》があるのだと信じられるようになったのです。

アメリカに来たばかりのころ、どこにいっても、どんな会話でも「あなたはどう思うの?」といわれることにおどろきました。意見がないと返事にこまってしまうので、社会で起きていることに「自分はどう思うのか」と考えるくせがつきました。はじめは英語も十分ではなく、しかも女性《じょせい》の自分は、社会のはしっこにおいてもらえるだけで、生きられるだけでラッキーなのだ、と考えていましたが、こうした会話に勇気づけられて「自分の意見に耳をかたけてもらえるのだ」という気持ちをはぐくむことができました。

挑戦《ちょうせん》してみると、移民《いみん》として生きるということはなかなか大変なことでした。だれかのたすけが必要なこともたまにはあるし、差別を受けることも、女性《じょせい》だという理由で危険《きけん》な目にあうこともありました。また、自分がくらすニューヨークという街が、無差別の暴力《ぼうりょく》や事故《じこ》、自然災害《しぜんさいがい》によって、大変な状況《じょうきょう》になることも、たびたびありました。

けれど、そういうことが起きるたびに、自分のまわりの友人やコミュニティがたすけあうすがたに感動し、人が力をあわせれば、想像《そうぞう》もつかないような力が発《はっ》揮《き》されるというところを見てきました。

差別にあったり、不当なあつかいを受けたときには、「おこっていいのだ」といってくれる人たちがいたから「自分にも価値《かち》があるのだ」と思えました。そういう体験によって、わたしはすこしずつ、外国人だろうと、移民だろうと、女性だろうと、自分も声を出していいのだと思えるようになったのです。

アメリカの社会運動からは、アクティビストの任務《にんむ》は、みんなにかわって、そのときに大切なイシュー（問題）について学び、それを拡散《かくさん》すること、そしてそれぞれに何ができるかをしめすことだと教えてもらいました。

たとえば、ものすごくたくさんある情報《じょうほう》をよりわけて、いまできる署名《しょめい》がありますとか、政府《せいふ》や議員さんにこうやってはたらきかけましょうとか、デモがあるから時間がある人は参加しようとよびかけ、情報をシェアします。

また、家庭や職場《しょくば》で、または外の世界で、人種差別やジェンダーにかかわる差別のような問題が起きたとき、学んだことをシェアしたり、みんなで考えるきっかけを作ったりするようなこともします。

わたしたち人間は、安全や幸せをもとめる気持ちはおなじでも、体のかたちやコンディションも、心の強さや弱さも、とくいなことや苦手なことも、ひとりひとりちがいます。ふたりとおなじ人はいないのだから、考えかたもそれぞれです。

それが「多様性」です。だからこそ、みんなの足なみをそろえるのに苦労することもあります。おたがいのちがいや個性をみとめながら、どんな人でも大切にされ、だれものけものにされない未来を、みんなでともに考えることが大切なのだと思います。

## わたしたちひとりひとりに意味がある

日本で活動をしてみると、「自分には何もない」「自分は役にたたない」「できることはない」と思っている人に出会うことがありました。でも、そんなことはぜったいにありません。

運動の現場《げんば》には、たくさんの人たちがいます。いちばんに目に入ってくるのがカリスマ性《せい》のあるリーダーだったとしても、そのうしろにはたくさんの縁《えん》の下の力持ちがいます。

SNS《エスエヌエス》をうまくあやつる人もいれば、お金の勘定《かんじょう》がとくい、という人もいます。みんなが気がつかないことに気づく人、雰囲気《ふんいき》を明るくしてくれる人がいます。自分がとくいなことに気がついていない人もいるかもしれないし、まだ情熱《じょうねつ》を感じられることに出会っていない人もいます。

運動の場には、チラシを作ったり、たくさんの人たちの連携《れんけい》をとったり、ものをうごかしたり、みんなの健康に気をくばったり、たくさんの役割《やくわり》があります。ある運動で、ある役割をやってみて、どうもあわなかったという人が、べつの運動やべつの役割に出会って、より自分にあったものが見つかるということもあります。

そして、何よりだいじなのは、いつでも参加する人が多いにこしたことはない、

運動でいろんな人にいろんな場所で知りあえるのもうれしい

ということです。そこにいる人の数がひとりふえる。それだけで運動は1歩前進しているのです。

運動に直接《ちょくせつ》参加しなくてもできることもあります。街の小さな商店で買いものをすることだってひとつのアクションだし、環境《かんきょう》のことや、戦争のことをテーマにした映画やアートを見に行って、それについて友だちや家族と話をすることも、運動のひとつのかたちです。ただひとりで考えることだって、十分大切なアクションです。

生きることは政治的《せいじてき》なこと、というスロー

ガンをまえに紹介しましたが、この言葉には、わたしたちは、生きているだけで政治に参加しているのだ、という意味もあります。いまのわたしのミッションのひとつは、ひとりひとりの声に価値《かち》があるということ、自分の社会は自分で作ることができるのだということをみんなに伝えることだと思っています。みなさんも、生きているだけで政治に参加しているのですから、いまいる場所でアクションに参加してみませんか？

## 活動がわたしにあたえてくれたもの

わたしの仕事は、決してたくさんお金がもうかるタイプのものではありませんが、すくなくとも、たくさんの冒険《ぼうけん》とよろこびにみちあふれています。

ひとつめのよろこびは、たくさんの人生にふれることができること。社会のあるべき理想のすがたを信じて、目をキラキラとかがやかせながら、自分の大切な時間とエネルギーを表現《ひょうげん》や運動にそそぐ人たちとの交流から、いつもめいっぱいのエネルギーを受けとっています。

もうひとつのよろこびは、こうしてもらう勇気を、わたしの文章を読んでくれたり、いっしょに活動してくれたりする人たちとシェアできることです。自分の心をふるわせた言葉を、より多くの人に伝え、自分の感動をすこしでもおすそわけできたら、ひとりの人として、それほどうれしいことはありません。

自分の仕事と運動から、社会人としてもたくさんのことを教えられてきました。個人的な人生という意味でも、ずいぶんゆたかになりました。わたしは、どうやら小さいときに感じていた「おかしいぞ」のさきをたどって、ここまできたようです。小さかった自分の「いやだったこと」を、大人になってからもなんとかなおそうとしているのかもしれません。いまでは、傷《きず》あとがなおっていくような気持ちを感じています。

だれにとってもやさしい、生きられる社会を。

単純《たんじゅん》なのぞみのように聞こえて、でもなぜかとてもむずかしい目標が、とても大きく登れないような山に思えることもあります。けれど、みんなで話しあいながら、よりよい未来を想像《そうぞう》し、そのために何かをしながら、自分たちのよろこびも作っていく、そこには大きな充足感《じゅうそくかん》があります。

わたしにも、かつて元気がなかった時代があります。自分が何のために生きているのか、どちらの方向にむかってがんばればよいのかわからずに、暗い気持ちで生きていたことがあるのです。そんな自分がいま、元気に毎日をくらすことができるのは、運動をはじめたことと無関係ではありません。社会に出てみてわかったのは、ただ漫然《まんぜん》と生きるには、人生は長すぎるということです。

## 社会は前進しているの？

人間たちは、まえにすすんでいるのでしょうか？　社会は、まえよりくらしやすい場所になっているのでしょうか？　どんどんすすむ環境破壊《かんきょうはかい》のことを考えると、人間は破滅《はめつ》にむかっているのだろうか？　と思うこともあります。でも、みんなが運動をした結果、何かが変わる瞬間《しゅんかん》を目《ま》の当たりにすると、「未来は明るい」という気持ちになります。そう考えると、この質問《しつもん》はイエスやノーと白黒つけづらいものなのだと思います。

ひとつわかるのは、まえにすすめるとしたら、社会をよりよい場所にすることができるのだとしたら、それは、この時代を生きるわたしたちの仕事だということです。

いつの時代も、変革《へんかく》は、人々が怒《いか》りやつらさを声に出し、もとめたことで起きてきました。そして21世紀の人間は、そうした声をあつめ、大きなものにするための道具を手にしています。アメリカで起こっていた黒人に対する警察《けいさつ》の暴力《ぼうりょく》は、スマートフォンやSNS《エスエヌエス》が登場したことで、よりひろく世界に知られるようになりました。

いま、わたしたちは、遠くの世界で起きているできごとを知り、暴力や不正義《ふせいぎ》にさらされている人たちのために声を上げることができます。

勝てるかわからない闘《たたか》いをなぜするの？　と聞かれたことがあります。その答えは、わたしたちが立つ「いま」の先につづく未来にあります。これ以上、社会が悪くなることをふせぎ、人間が生きつづけるこの地球をまもり、よりやさしい社会を作ってつぎの世代に手わたすためには、なまけているひまはありません。

思うようにすすまない世のなかに、がっかりすることももちろんあります。そういうときは、自分にインスピレーションをあたえてくれるアクティビストを思い、ヒントをくれる本を読んで、やさしい世界のことを思い出します。小さな勝利の瞬間《しゅんかん》や、歴史的《れきしてき》な勝利の瞬間を思い出したり、これまでの運動で生まれてきたたくさんの出会いのことを考えたりすることもあります。

大切なのは、自分たちが理想とする社会のありかたを想像《そうぞう》すること、そして、それを自分がくらす小さな世界から実践《じっせん》していくことなのだと思っています。

# 運動のはじめかた

もし、これを読んでくれているあなたが「自分も社会をよくするために何かやってみたい、参加してみたい」と思ったら、どうすればいいでしょうか？　まず、あなたにとって大切な問題を考えてみてください。動物の命？　海や川をきれいにすること？　それとも、戦争に反対することでしょうか？　自分の地域《ちいき》で問題が起きている、こまりごとをかかえている人がちかくにいる、そういうこともあるかもしれません。

自分にとって大切な問題について、まずは勉強してみましょう。自分に何ができるかを考えるためには、まずは知ることが第一歩。どうしてそんな問題が

## コラム

あるのかや、いままでにどういう経緯《けいい》をたどってきたかなどがわからなければ、どうすればいいかを考えることもできないからです。インターネットで検索《けんさく》してみて基本《きほん》の情報《じょうほう》をあつめ、関係のある本をさがして読んでみましょう。本屋さんには新しい本が多いので、図書館に行くのもおすすめです。自分がくらす地域《ちいき》にかぎった情報がほしいときは、本のなかには見つからないかもしれません。市役所や区役所、関係のある企業《きぎょう》に電話をかけたり、メールを送って聞いてみることもできます。

基本的なことを身につけたら、問題について自分に何ができるかを考えてみます。その問題を解決《かいけつ》するためには、何が必要でしょうか？　だれに意見を伝えればよいでしょうか？

つぎに、いっしょにうごいてくれる人を見つけましょう。何かを解決するためには、おなじ、または似《に》た意見の人たちであつまって、たばになることが大切です。

まずは、家族や親しい友だちに問題に思っていることについて話してみるのはどうでしょう。意外と身近に仲間がいるかもしれません。近くに仲間がいなかったら、さがす範囲《はんい》をひろげてみましょう。学校や塾《じゅく》などで話してみるのもいいですし、インターネットもつかえそうです。その問題について発信している人や、署名《しょめい》をあつめている人がいるかもしれません。

ひろい社会を見まわしてみると、社会にあるいろいろな問題に、さまざまな方法でとりくんでいる人たちを見つけられると思います。政府《せいふ》にはたらきかけたり、集会やデモをひらいたり、SNS《エスエヌエス》などでひろくみんなに知らせたりしている人たちです。きっと仲間が見つかるはずです。運動はひとりでもはじめられますが、仲間がいると心づよいし、より楽しくなります。

仲間をみつけたら、アクションをはじめましょう。まずできることは、自分の意見を表明することです。これは、かんたんで、でもいちばん大事なアクションです。まわりの人たちに自分が問題に思っていることについて話すこと

## コラム

はもちろん、話すのが苦手な人や、絵や字のほうがうまく伝えられる、という人は、画用紙や布に意見を描《か》いてもちあるいたり、それを身につけたりすることでアピールできます。

ひとつ約束できるのは、あなたはひとりではない、ということです。もしあなたに「おかしい」と思うことや、よりよくしたいことがあるとしたら、絶対ほかにもおなじ問題で心をいためている人がいるはずです。

人口の3・5パーセント、つまり100人のうち3人から4人がひとつの運動に参加すれば、社会を変えられるといわれています。この数字をめざして、さらに仲間の輪を大きくしていきましょう。

デモやマーチ、シット・インなど、これまでの社会運動でつかわれてきたやりかたもつかえるでしょう。でも、「こうしなければならない」という正解《せいかい》はありません。自分にしかできないこと、だれも思いつかなかったようなアイデアがあるかもしれません。さあ、はじめましょう！

# あとがき

## 人生は長い

　はじめに書いたように、わたしは、「問題児」でした。学校ではうまくできず、多くの知識《ちしき》は、とにかくたくさんの文字を読むなかで、また社会に出てから学んだことです。わたしのような人間に、社会のなかに居場所《いばしょ》があるのだろうか？　と考えたことが、なんどもありました。

　けれど、そんな自分にも、できることがあったのです。心ぼそかった子ども時代の自分に、それを教えてあげたいなあと思うことがたまにあります。

社会に出て知ったのは、人生というものは、たくさんの選択《せんたく》のつみかさねだということ。どこに住み、どういう仕事をして、どういう生きかたをするのか。何をどこで買い、何を口にするのか。人間は毎日、大なり小なりの決定をしつづけています。

こうした決断《けつだん》をするのに、学校で教えてもらった知識《ちしき》だけでは足りないことがよくあります。いじめを目撃《もくげき》したとき、会社でトラブルがあったとき、暴力《ぼうりょく》に遭遇《そうぐう》したとき、買いものをするとき、自分の時間のすごしかたを決めるとき、自分はどんな行動を選択できるでしょうか？　知らず知らずのうちに、だれかがいじめられていることから目をそらしたり、だれかをふみつける悪い人や悪い会社にお金を払《はら》ったりしてしまうこともあるかもしれません。まちがいや失敗をくりかえしながら、できるだけ、社会がよい方向にむかっていくようにするには、どうしたらよいのでしょうか？

# あとがき

わたしは、もう50歳《さい》になりましたが、やっぱり人生は、挑戦《ちょうせん》と失敗のくりかえしだなと思います。まちがうことや、失敗することをこわいという人もいますが、そこから学ぶこともあります。まちがいや失敗はチャンスにもなります。

人間は、大きな宇宙や生態系《せいたいけい》のなかではほんの一部であり、わたしたちひとりひとりは大きな海のなかにうかぶ葉っぱくらいの存在《そんざい》です。どれだけけんめいに生きようと、どれだけ長く感じようと、わたしたちの人生は、長い歴史《れきし》の中では、わずか一瞬《いっしゅん》です。

こういう大きなスケールのなかで考えると、自分がどう生きるかなんてあんまり意味がないかも、と思うときがあります。でも、わたしたちの生きる社会は、わたしたちがあつまってできていて、わたしたちがすることのつみかさねでできています。だからこそ、わたしたちひとりひとりがどう生きるかに意味があるし、わたしたちには変化を起こす力があるのです。これを読んでくれているあなたのなかにも、きっとそんな力があるはずです。

## ブックガイド

▼『窓《まど》ぎわのトットちゃん』 黒柳徹子《くろやなぎてつこ》 著／講談社

第二次世界大戦《だいにじせかいたいせん》がおわるちょっとまえまで実際《じっさい》に東京にあった小学校と、そこにかよっていた女の子のことを書いたお話。小学1年生なのに、退学《たいがく》になってしまったトットちゃん。お母さんにつれられておとずれた新しい学校は、電車の教室がならぶ「トモエ学園」でした。「きみは、ほんとうはいい子なんだよ！」といってくれる校長先生のもとで、楽しい生活がはじまりました。

▼『ローザ』 ニッキ・ジョヴァンニ 文／ブライアン・コリアー 絵／さくまゆみこ 訳／光村教育図書

かつてアメリカでは、バスの席が黒人と白人でわけられていました。そのことに「NO《ノー》」をつきつけた黒人女性《じょせい》がいました。ローザ・パークスです。ある日、ローザは席を白人にゆずらなかったと逮捕《たいほ》されてしまいます。不当な状況《じょうきょう》にまわりのみんなが立ちあがり、その輪はどんどん大きくなりました。平等の権利《けんり》を獲得《かくとく》することになったバス・ボイコット事件について描《えが》かれた絵本。

※この本の訳者のさくまゆみこさんはわたしとは別の方です。

## もっと知りたくなったら読んでみよう！

▼『気候変動に立ちむかう子どもたち　世界の若者《わかもの》60人の作文集』

アクシャート・ラーティ 編

吉森《よしもり》葉《よう》 訳／太田出版

2018年の8月、当時15歳《さい》のグレタ・トゥーンベリがスウェーデンで気候変動に反対する運動をはじめました。スウェーデンの国会《こっかい》議事堂《ぎじどう》前ですわりこみをしたのです。そして、彼女《かのじょ》のすがたに勇気をもらって、世界中でおなじように声を上げる若者《わかもの》たちがあらわれました。この本では、地球を救《すく》うために世界各地で闘《たたか》っている41の国の60人の若者たちを紹介《しょうかい》しています。

▼『ヒットラーでも死刑《しけい》にしないの？』

中山千夏《なかやまちなつ》 著／築地書館

「なぜ私は死刑をなくしたいのか」ながく死刑廃止運動《しけいはいしうんどう》にたずさわってきた著者《ちょしゃ》。宗教者《しゅうきょうしゃ》でも、学者でも、研究者でもない立場から、徹底《てってい》的《てき》に自分で、自分の言葉で考えてきました。死刑廃止、死刑賛成《さんせい》、どちらの人からもよくされる、そして重要な疑問《ぎもん》を5つとりあげ、意見をのべています。賛成するにも反対するにも、みんなの議論の参考になる本だと思います。

**佐久間裕美子**　さくま ゆみこ

ライター、アクティビスト。カルチャー、ファッション、政治、社会問題など幅広いジャンルで、インタビュー記事、ルポ、紀行文などを執筆する。著書に『Weの市民革命』(朝日出版社)、『ピンヒールははかない』(幻冬舎)、『ヒップな生活革命』(朝日出版社)など、翻訳書に『テロリストの息子』(朝日出版社)。2020年12月に『Weの市民革命』を刊行したのをきっかけに、読者とともに立ち上げたSakumag Collectiveを通じて勉強会(Sakumag Study)や出版・制作活動をおこなっている。最新作は『2020-2021』(wAiwAi)。

写真　アフロ(p.144)　疋田千里(帯表4【Sakumagのイベント参加者のみなさんの写真】、p.178、p.182、p.192)

**参考文献**

・『市民的抵抗　非暴力が社会を変える』エリカ・チェノウェス 著　小林綾子 訳(白水社)
・Global Warming of 1.5 ºC　https://www.ipcc.ch/sr15/

**みんなの研究**
**みんなで世界を変える！　小さな革命のすすめ**

2024年3月　初版第1刷

佐久間裕美子

発行者　今村正樹

発行所　株式会社 偕成社
東京都新宿区市谷砂土原町3-5(〒162-8450)
Tel. 03-3260-3221［販売］ 03-3260-3229［編集］
https://www.kaiseisha.co.jp/

装画・本文イラスト　米村知倫
装丁・本文デザイン　寄藤文平+垣内晴(文平銀座)
組版　有限会社アロンデザイン
校正　株式会社円水社
印刷所
製本所　中央精版印刷株式会社

NDC310 207p. 21cm ISBN978-4-03-636400-8 C8336